ワンダーフォーゲル活動のあゆみ

―― 学生登山の主役たち ――

城島紀夫 著

古今書院

History of Wandervogel activity in Japanese Universities

Norio JOJIMA

Kokon Shoin, Co., Ltd.

本書を推薦します

この本は、わが国で初めての日本のワンダーフォーゲルの歴史を紹介したものです。わが国では戦後、登山が盛んになりますが、その際、大きな役割を果たしたのが、大学のワンダーフォーゲル部です。しかしワンダーフォーゲル部については、ややもすると山岳部の二軍扱いされることが多く、その歴史をきちんとまとめたものはこれまでありませんでした。

私が２００１年に『登山の誕生』（中公新書）をまとめた際にも資料が乏しく、ほとんど触れることができませんでしたが、知り合いの城島紀夫さんがこうした状況を知って一念発起し、ここ数年の間きわめて精力的に調査を行ってくださいました。

城島さんは会社を退職後、私が案内を務めた「山の自然学現地講座」に参加したことがきっかけで、東京学芸大学の私のゼミに参加するようになりました。その後、ワンダーフォーゲル部の歴史をまとめたもののないことがゼミで話題になり、城島さんが登山と歴史が好きであることからその研究に取り組むことになりました。

伝統の古いワンダーフォーゲル部のなかには、発足して六十年を超えるようなところも出始め、創部時代の部員が老齢になって他界してしまうケースも出始めていました。城島さんはそういった人たちにコネを辿って面会したりして資料を集めました。本当に貴重な資料になったのだろうと思います。

しかしその一方で、この間、創部五十周年記念誌や六十周年記念誌などもかなり多くの大学で刊行されて、資料も急激に増えました。そのため、結果的にみると、城島さんの調査はまさに絶妙のタイミングで行われたことになりました。

城島さんは研究の成果を、主に日本山岳文化学会の会報『山岳文化』や『論集』に載せました。反響は大きく、出版を望む声や励ましの声も寄せられ、ついに本書の刊行に至ったというわけです。

本書を、現役のワンダーフォーゲル部の部員やOBの皆さんはもとより、山岳部の関係者にも一読をお勧めします。「へー、そうだったのか」という事柄が少なくないと思います。また登山の好きな皆さんには、こんな時代もあったのだということをぜひ知っていただきたいと思います。皆さんの登山の源流にはワンダーフォーゲル部の活動があったということに気づかれるでしょう。

山小屋に泊まった際の話題にでも取り上げていただければ、幸いです。

東京学芸大学名誉教授
小泉　武栄

まえがき

本書は日本のワンダーフォーゲルの歴史をまとめたものである。大学生のワンダーフォーゲル部活動の足跡は、これまでわが国の登山史のなかには書かれていなかった。

私が日本のワンダーフォーゲルの歴史について調査を始めたのは、推薦文に紹介されているにように、小泉武栄氏（東京学芸大学名誉教授・地理学）からテーマを頂いたことがきっかけであった。

その後、調査報告を数編と論文六編を私が所属する日本山岳会や日本山岳文化学会などの会報などに発表して、広く紹介することができた。

ほぼ一〇年にわたる遅々たる歩みであったが、この間に多数の大学ワンダーフォーゲル部が創立以来五〇周年の区切りの時期を迎えたので、『創部五〇周年記念誌』の類書がたくさんのＯＢ会から発行された。これらによって、戦後の学生登山の全貌がみえてきたのである。

このようなことから本書発行の機が熟したのではないかと思っている。

戦前の学生登山は主として山岳部の歴史であった。これに対して戦後の学生登山はワンダーフォーゲル部の活動の歴史となっている。

本書においては、前史ともいえる勤労者のワンダーフォーゲルについても記述した。

次いでワンダーフォーゲル部と山岳部との違いについて調べるうちに、戦前と戦後の学生文化の相違点を明らかにすることが必要だと考えて、戦後に行われた教育制度の大変革などを背景とした学生文化の変遷をのべてみた。

ドイツ語の部名の由来などについては簡単に記すにとどめた。

巻末表1として学生登山とその背景を掲載した。この年表は読者諸氏もそれぞれの想いをもって眺めていただけるのではないかと思う。

これまでは、ワンダーフォーゲル部の活動史を社会的背景と関連づけて述べられたものはほとんどなかったので、私なりの視点をいくつか記している。読者のご批判を頂ければ幸いである。

競技種目ではないけれども体育会系に所属し、大学におけるクラブの一つとして定位置を作り、登山活動を中心として課外活動の本来の意義を確かめ合ってきた代々の部員の方々に、本書をワンダーフォーゲル部讃歌として贈りたい。

この書を片手に、部員だった皆さん方と誇らかに若き日を語り合っていただきたい。

また、若いOB諸氏や部員諸氏にとって、本書が各自の所属するワンダーフォーゲル部の歴史や伝統を尋ねる契機となれば、筆者としてこれ以上の喜びはない。

私は山岳部やワンダーフォーゲル部出身ではないため、多くの方々にご協力を頂いた。

調査は、各大学のワンダーフォーゲル部の部誌、部報、周年記念誌、OB会報、連盟の機関誌を中心に行った。

短期大学、高等専門学校のワンダーフォーゲル部や、社会人のワンダーフォーゲル団体については、調査を省略したので機会を改めたいと思っている。

本文の記述にあたっては、お名前の敬称を省略させていただいた。ご寛容のほどをお願いしたい。

またたくさんの文献から引用させていただいた。引用文献については書名のみを記載して、発行年などは巻末の「主な参考文献」で確認できるようにした。

城島 紀夫

目　次

第一章　学生登山のいま

1　ワンダーフォーゲル部が主流に

今日の大学の課外活動においては、表1に示すとおり、ワンダーフォーゲル部が登山系のクラブの主流となっている。

終戦から今日までの間に、各世代に宿る価値観の大きな変動が続き、それにつれて大学で登山活動を行うクラブの活動状況も大きく変化している。

近年の世間の風潮を作り出している価値観の特徴は、個人志向が強くなったことと現在を重視するようになったことだといわれている。

大学の課外活動における登山系のクラブは、このような価値観の流れに応じて活動を多様化させている大きな流れがある。

大学の課外活動における、主な登山クラブの現在の状況を紹介しよう。

大学の公式ホームページを閲覧して（二〇一五年五月現在）、課外活動の公認クラブのうち、ワンダーフォーゲル部と山岳部の各クラブの部数を集計した（表1）。調査対象としたのは、すべての国立大学八二校（ただし大学院大学四校を除く）と、旧制の公立・私立大学（戦前から大学として認定されていた大学[注1]）二九校である。

注1：旧制とは、第二次世界大戦終結以前（教育制度が改革されるまで）に大学として認定されて現存している、次の公立大学二校と私立大学二七校である（認可年月順）。（公立）京都府立医科、大阪市立、（私立）慶應義塾、早稲田、日本、法政、明治、中央、國學院、同志社、東京慈恵会医科、専修、立教、大谷、龍谷、拓殖、立命館、関西、立正、駒澤、東京農業、日本医科、大正、高野山、東洋、上智、関西学院、千葉工業、近畿。

合計一一一校のうち過半数の七九校でワンダーフォーゲル部が活動している。

国立大学においては、八二校のうちでワンダーフォーゲル部が五九校、山岳部が三八校で活動している。

山岳部の休部が多く見受けられる現状は、戦前から終戦直後における状況と比べると隔世の感がある。

山岳部がほぼ全大学において活動していた時代を見聞しておられたOB・OGの諸氏にとっては、まことに感慨深いものであろう。

国立大学のうち旧帝国大学の七校と旧官立大学一二校についてみると、ワンダーフォーゲル部はすべての大学において公認団体として登録されている。

山岳部は、名古屋、熊本、筑波、長崎、広島、東京医科歯科の大学において見当たらなくなっている。

活動内容について総覧したところ、各クラブは創設当時の名称を継承しているが最近の活動内容をみると、部の名称からでは活動内容が想像できないクラブも多数見受けられる。

その主な傾向は、登山活動のほかに各種の野外活動をとりこんでいることと、ワンダーフォーゲル部も山岳部も、共にほぼ同じ活動を行っていることである。

山岳部がない大学のワンダーフォーゲル部では岩登りなどを活発に行っているところもあり、また積雪期の登山を行わない山岳部もあるというように、活動内容には明確な相異がなくなりつつある。

例えば、ある大学の探検部の活動内容の説明には「主にアウトドアスポーツを中心に活動しています（クライミング、登山、沢登り、ラフト等々）」とあり、ワンダーフォーゲル部や山岳部との見分けがつきにくい部活動が、増加しているのが現状である。

2　その他の公認サークルは

大学の公式ホームページには、受験生や新入生のために課外活動に関する情報が必ず掲載されている。見出しとして、「課外活動」とするもの以外に、「クラブ・サークル」と呼んで紹介している大学もある。

明治大学の場合は、公認している課外活動のうち、登山とスキー関係のクラブは、表2のとおり区分して

表１　主な登山クラブの部数

	大学数（校）	WV部（部）	山岳部（部）
国立（総合・複合）	47	43	27
国立（単科）	35	16	11
国立合計	82	59	38
公立と私立（旧制）	29	20	21
合　計	111	79	59

大学公式ホームページより集計．2015年5月閲覧．

表２　公認クラブの模様（明治大学の例）

団体区分／種目	体育会	体育同好会連合会（体同連）	レクリエーション・スポーツグループ
アウトドア	山岳部 ローバースカウト部 ワンダーフォーゲル部	ハイキング部 ウオーキング部	シュラフの会 地底研究部（ケイビング）
ウインター	スキー部 スケート部	スキー部	愛好会スキー部 基礎スキー同好会 基礎スキー研究会

明治大学ホームページ・公認サークル一覧より．2015年5月閲覧．

紹介されている。

また、同大学が公認しているクラブの数は全体で約三五〇にのぼっている。これらを系統別に次の八区分して掲示している。

体育会
体育同好会連合会
同好会（スポーツ系）
レクリエーション・スポーツグループ
理科部連合会
人文・社会グループ
音楽・芸術グループ、人文・社会グループ
同好会（文化系）

右のうち体育系のものを表3としてまとめてみた。OB諸氏たちは、同好会系統のサークル数の多さに驚かれるのではないだろうか。

次に、国立大学における二〇一五年度の公認（届出）団体の数を紹介しよう（各大学の公式ホームページ二〇一五年五月閲覧）。

表 3　体育系の公認クラブとサークルの数（明治大学の例）

体育会		体育同好会連合会		同好会（スポーツ系）		レクリエーション・スポーツ・グループ	
アウトドア	3	アウトドア	2	－	－	アウトドア	2
ウィンター	2	ウィンター	3	ウィンター	2	ウィンター	3
－	－	オールラウンド	2	オールラウンド	6	オールラウンド	2
格闘技・武道	11	格闘技・武道	2	格闘技・武道	2	格闘技・武道	2
球技	14	球技	40	球技	34	球技	42
マリン	2	マリン	1	－	－	マリン	1
－	－	ダンス	2	ダンス	7	ダンス	2
－	－	バイク	2	－	－	バイク	2
その他	11	教養 文化 その他	5	その他	12	その他	5
出版	1	－	－	－	－	－	－
応援団	1	－	－	－	－	－	－
クラブ数合計	45		59		63		61

明治大学ホームページ・公認サークル一覧より作成．2015 年 5 月閲覧．

北海道大学：体育系団体・六四、文化系団体・四九
東北大学：学友会体育部・四六、文化部・二四
　準加盟運動系・三六、文化系・六二
東京大学：運動部・四六、届出学生団体・一〇七
名古屋大学：体育会サークル・四六、文化系ほか
　サークル・四九
京都大学：運動部（体育会所属）・五三、体育系（非
　体育会所属）・四二、文化系団体・九八
大阪大学：体育活動・五九、文化活動・六九
九州大学：体育系公認サークル・五三、文化系公認
　サークル・六一、各学部サークル・七八

いずれの大学も一〇〇を超える団体が公認されている。

課外活動というものが、多様化し、細分化されて種々変質している様子として一覧されたい。

課外活動と校友会

ワンダーフォーゲル部は、山岳部などと共に、各大

学の課外活動として認可されている。

「課外活動」とは「教育課程外活動」の略称であり、正課（正規の教育課程）以外に行われる教育活動を指している。

多くの大学の場合、自治組織として活動してる体育会、校友会、学友会などに申請してその公認団体となるためには、サークル結成から一年以上の活動実績を経て準公認団体となり、さらに一年間以上の活動を行ったうえで審議・審査が行われ、公認団体となることができる。また、活動内容がすでに公認されているサークルと同じ場合には不認可とされている（一競技一団体の原則）。

公認された団体には助成金、施設・用具・部室の貸与などが行われる。

大学のホームページから、課外活動についての説明文の一部を紹介しよう。

課外活動は、学生が自らの主体性の下に、知識を深め、技を磨き、情操を豊かにするとともに、集団活動を通して自主性、協調性を身に付け同時に、友情を培い、耐えることを体得することなどによって、幅広い人間性を養い育て、健全な心身の発達を促すことが期待されます。このため大学は、課外活動団体の健全な発展を奨励しております。

（神戸大学公式ホームページより）

最近の多くのワンダーフォーゲル部にみられるように取り込む種目が多様化し、年々変化して、集団としての目標が見いだせなくなると、課外活動としての意義も薄れてゆくのではないだろうか。

第二章　ワンダーフォーゲルとは

1　部のホームページより

大学ワンダーフォーゲル部のホームページの一部を紹介しよう（いずれも二〇一五年五月閲覧）。新入部員勧誘のためのもので、その冒頭に、次のように簡潔な案内文がある。

横浜国立大学ワンダーフォーゲル部は 登山を中心とする横浜国大公認サークルです。
ワンゲル活動の目的は、日本に残る自然と親しむこと。自分の力で目標を立て、仲間達と計画し、自分達の力で協力し合い、実現させる。日帰りハイキングから縦走、山スキーなど、個人の能力や、やる気に応じた多岐にわたる活動をしています。
ワンダーフォォーゲル（wadervogrl）とはドイツ語で、「渡り鳥」の意味。20世紀初頭にドイツで始まった山野徒歩旅行の運動から始まります。また、実際に山野を歩くことをワンデルング（wanderung）と言いますが、僕たちは「ワンダリング」と呼んでいます（ワンデリングと呼ぶ大学もある）。

筆者が付け加えれば、ドイツにおいて命名された当時にはワンダーフォーゲル Wandervogel とは「渡り鳥」のことを指したものだったが、現在はドイツ語では渡り鳥はツークフォーゲル Zugvogel が使用されているようだ。

次に京都大学ワンダーフォーゲル部のホームページから、紹介しよう。

ワンダーフォーゲル部について

概要　京都大学ワンダーフォーゲル部は、縦走・

沢登りを活動領域とした登山サークルです。山岳部などのスポーツ登山を中心としたサークルから派生し、レクレーションとしての登山を主体とするサークルとして一九五六年に発足して以来、日本各地の山々へ出かけています。

普段は、週末を利用して関西近郊へ出かけ、夏と春に長期休暇には、北アルプス、大雪山、屋久島（以上縦走）、白神山地、西表島（以上沢登り）などに合宿に行きます。部としては冬山には行きませんので、冬場はあまり活動がありません。

これに続いて「活動内容」「役員会」「縦走」「沢登り」「その他の活動」「安全対策について」と詳細な説明が記されている。

ホームページにみる定義

一〇年ほど前の大学ワンダーフォーゲル部のホームページには、次に紹介するような発祥伝説が、「ワンダーフォーゲルとは」などとして必ず記載されていた。

ワンダーフォーゲルとは「ドイツ語で渡り鳥Wandervogelという意味で、通称ワンゲルと略します。

ワンダーフォーゲルは元々はドイツで「自然の中を渡り鳥のように旅しよう」といった趣旨ではじまった運動で、昭和初期に日本に伝わりました。

このような説明を行うのが通例であった。

この傾向は、ワンダーフォーゲル部の草創から発展の時期に、山岳部との違いを強調して説明していた当時の名残りであると考えられるが、昨今ではこの発祥伝説があまりみられなくなっている。

一九七〇年代の初め頃から、活動内容の多様化が始まり、その時代時代に流行するアウトドアの種目を取り入れて部員のなかでそれぞれに、その年次年次の活動内容としている。

最近、この流れに少し変化がみられるようになった。目立つようになった傾向は、「活動内容は登山です」、などというような説明である。いくつかの例を紹介する。

滋賀大学 経済学部体育会ワンダーフォーゲル部

クラブ紹介「私たちワンダーフォーゲル部は、全員が一致団結して登山をするクラブです。登山といっても安全第一なので、危険とされているロッククライミングや冬山登山はしません。

新潟大学ワンダーフォーゲル部

部活の説明「新潟大学ワンダーフォーゲル部は、大学学友会に所属する登山部です。「歩くこと」を信念にして、テントを宿としながら各地の山を歩き回ります。

群馬大学ワンダーフォーゲル部

ワンダーフォーゲル部って？

群馬大学ワンダーフォーゲル部は登山をする部活です。

日本百名山と呼ばれる山々に登りに行きます。

合宿では、主にテント泊・山小屋泊をしながら複数の頂上をつなぐように山の稜線を歩きます（縦走登山）。また日帰りの山行や個人で計画した山行などもよく行っています。

金沢大学ワンダーフォーゲル部

金沢大学ワンダーフォーゲル部は、メンバーで楽しくそして安全に山登りをすることを活動の目的としています。大学近くの低山から名の知られている高山、そして雪山など幅広い山を目指しながら、技術を学びます。

千葉大学徒歩旅行部

別名ワンダーフォーゲル部とも呼ばれています。活動内容は、一言で言えば山登りです。

広島市立大学ワンダーフォーゲル部

活動概要　ワンダーフォーゲル部は、山登りが主な活動内容です。普段は、月に一〜二回、地元の山を登りに行きます。週に一回トレーニングをし…。

これらの例は、近年における活動の多様化のなかにおいて、活動内容（種目）を明確化する動きが始まった、一つの現象だとみてよいだろう。

活動種目の説明用語として「登山」が使われており、山岳部と並んで登山部が出現する兆しとみてもよいのではないだろうか。

2　山岳部との違いは

一九五〇年代に発行された数多くの大学ワンダーフォーゲル部の部誌には、ほぼ例外なく「ワンダーフォーゲルとは何か」に関する文章が掲載されていた。各年度の主将が部誌の巻頭に本質論（後述）を掲げることが恒例とさえなっていた。今日ではこれが前述のようなホームページに変わったのである。

山岳部との違いは、当時どのように考えられていたのだろうか。

ワンダーフォーゲル部は、山登りが好きな同士が集まって、親睦を主な目的に登山を行うグループとして生成発展してきたものである。

一方の山岳部は、特定の山や特別の箇所を対象として、記録の樹立を目的として先鋭的なイズム（-ism）と用具によって、冒険的に挑戦する少数の人たちの集団だといえるだろう。一九一〇年代以降の大学山岳部は積雪期の登山に挑戦するアルピニズムに染まっていたのである。

明治大学の学生課は、五二年に新年度のワンダーフォーゲル部委員長に対して部活動の計画性と訓練の必要性を説き、部の活動状況報告書の提出を求めた。部としては、山岳部との相違点を中心にして説明する必要に迫られたのである。

当時の明治大学の部内の状況と関係者の苦心の跡が、委員長高野栄三の回顧録「あの頃の日記から」に克明に記されており、大学ワンダーフォーゲルの原点をみる思いがする。次に、その様子を紹介しよう。

> 委員長高野氏は多くの人たちの支援を受けて、新方針を決定した。支援し督励したのは、前年度の委員長小林碧や多くの先輩ＯＢと部の監督、部内の同志者ならびに慶應義塾、中央、立教の同年度委員たちであった。山岳部を前にして、ワンダー

フォーゲル部は存亡の危機に直面したのである。

新方針においては、「登山用具のうちピッケル、アイゼン、ザイル等の部室への携行及び、使用を禁ず」、「班別は、研究対象をもったワンデルング班別とし、民族研究、民謡、カメラ、動植物、スケッチの五班とする」、「ワンデルングの後日、研究発表会を義務付ける」、「異議ある者には、退部を依頼する」などが示された。

紆余曲折があり、OBと現役との懇談会も開かれた。大量の退部者もあったようだ。このようにして、山岳部との合併意見を含むワンダーフォーゲル部の存続問題は一大危機を逃れたのであった。この時期は、部員数が一挙に倍増した年度もであった。

（『六十年のあゆみ』より）

大学生のスポーツのうち、多くの種目においては卒業すると第一線から離れてゆくが、ワンダーフォーゲル部は、OB諸氏が高年になるまで登山活動を続けている種目の代表的なものとみられる。このことも、山岳部とは異なる特色であろう。

3　なぜ、いつ日本に

命名の由来

徒歩旅行が「ワンダーフォーゲル」と命名された。一九三三（昭和八）年のことであった。当時は、明治時代以来わが国民のなかに根強く抱かれていたドイツ憧憬の空気が依然として続いており、ドイツロマンに憧れる者が多かった時代であった。これを背景とした借名だったのである。

財団法人 奨健会（当時の内務省の外郭団体）が、国民歩行運動の先駆けとして行っていた「奨健歩行会」を「奨健会ワンダーフォーゲル部」と命名して新たに部を発足させたものであった。

奨健会については三五頁を読んでいただきたい。この当時は、全国的に歩行が奨励されていた時代であった。

命名の由来について、この歩行会を指導していた奨健会の出口林次郎主事はその著書のなかにおいて、次のように運動の趣旨を記している。

現代では米国に於けるピクニック、英国に於けるハイキング、独逸に於けるワンダーフォーゲルが、その運動分野に於ける主流をなしているのである。それらの運動を個々的に観察すれば、夫々目的にも多少の相違点があり、形をさえ異にしているが解剖すれば「自然に親しむ、身體を愛する」この二つの精神が一貫して流れている。

私は斯かる特殊の運動を総括してその発生地を尊重し、且世界に共通する意味から強いて独逸語を用ひて「ワンダーフォーゲル運動」と綜称する。

（『ワンダーフォーゲル常識』より）

さらに、この発足の経過について、出口は次のように記している。

昭和八年四月二十九日天長佳節、聖地高尾への第六回を転機として遂にこの運動は組織化することになり、慈に奨健会ワンダーフォーゲル部が設立され……、高尾山において発会式を挙行した。

奨健会ワンダーフォーゲル部の設立趣意書は次のようなものであった。

激烈な都会生活の桎梏と束縛、黄塵と喧騒から脱し、又休暇を正しく利用して心身を強健にし、見聞を広くし協同和親の心を養ひ、森の静寂、海の浩闊、山の森厳に若き精神、高潔な情操、健全な天性を覚醒せしめ、以て新日本の興隆を図る目的の下に我国最初の企図たる「奨健会ワンダーフォーゲル部」を設立せんとす。

出口がドイツ語を使用した当時の事情について、師尾源蔵は次のように記している（エピソード2参照）。

敢えて精神文明に於いて崩壊しつつある欧米諸国の山歩き、旅行に追随する事なく、日本精神から出発し、日本民族の創造による新たなる日本山野跋渉隊こそ今我々が六〇回に渡りて実行しつつある日本ワンダーフォーゲルではあるまいか。

人偶々その名称の独逸文字を云々するが、……奨健会の出口主事が提唱せし時、或る過渡的段階に於ける国民に呼びかけ易い名称を選んだものであり、その適訳がないのではないかと私は解釈している。

（「日本的意義におけるワンダーフォーゲル運動」
雑誌ワンダーフォーゲル一九三七より）

右の説明を要約して言い換えれば、当時のわが国民のドイツに対する親愛の情や憧憬の情を巧みにとらえた借名だったのである。

今も残るワンダーフォーゲルという言葉

大学の登山クラブが、戦前の奨健会ワンダーフォーゲル部の名前を今日もなお使い続けてきた経過は次のとおりである。

戦前に奨健会の指導を受けて創部した立教大学と慶應義塾が、同じワンダーフォーゲルという名前を使用して部を設立した。明治大学・駿台あるこう会も、薦めを受けて同様の部名に改称した。

戦後に、右の三大学のワンダーフォーゲル部の旧部員（戦地から戻った部員）などが、旧名のまま部を復活させた。

明治大学では復活直後の一九四六年から、ワンダーフォーゲルはナチの片割れであるなどの世評に対して部名の変更を討議したが、伝統を重んじる春日井部長の意向を受けて変更するには至らなかった。

一九五〇年代には、国の青少年育成運動によってサイクリング、キャンプ、ユースホステルなどのレクリエーションが流行した。ワンダーフォーゲルも、これらと並んで、レクレーションのうちの登山の概念として普及したものと考えられる。

これ以降にはワンダーフォーゲル部の設立が流行となり、ＯＢ会がその名前を受け継ぎ、今日に至っている。部名を変更した大学はごく少数に留まっている。

社会人の登山団体にもワンダーフォーゲルを名乗るところが多数あったが、六〇年代にはほとんどの団体が「山の会」などに名称変更した。

なぜ山岳部ではなかったのか

戦後に新しい種目として発展がはじまった時期に、山岳部と名乗ればよかったのではないかと考えられるのだが、学生の登山という種目としては山岳部があった。大学の課外活動には一種目につき一部という原則があったので、山岳部とはイメージが異なる外国語の名前を借りて登山スタイルなどの相違点を周囲に説明する方が便利だったものと思われる。

当時、山岳部員たちから世間に流布されていた第二山岳部などという差別的な言葉からのがれるためにも、外国語の部名が使われ続けたのだとみられる。

ドイツとの連携はなかった

奨健会が始めたワンダーフォーゲル活動は、当時のドイツとの相互の関連は全くなかったものとみられる。

奇しくも、わが国で奨健会がワンダーフォーゲルを始めたこの年には、ドイツにおいてはヒトラーが首相になり一党独裁政権が始まって、ワンダーフォーゲルなどの青年運動はすべて解散させられた時期であった。この時期をもってドイツのワンダーフォーゲルは名実共に消滅していたのである（二〇頁参照）。

ドイツの青少年団との交流行事が行われたのは戦後の青少年育成運動の一環としてのことであった。

このような背景からみても、ドイツとの連携はなかったものとみてよい。

用語解説などの一部において「ワンダーフォーゲルはドイツから移入された」などの記述がみられるが、これは誤った説明である。

現在は、ドイツ国内ではワンダーフォーゲルの名前を冠した団体は、ほとんど見当たらないようだ。

この背景には、青年運動初期の自由なグループが、ナチ時代にヒトラー・ユーゲントに完全に吸収されてナチ体制に協力したという、重く苦しい経験があるためだといわれている。

ワンダーフォーゲルという言葉が今日においても使用され続けているのは、日本だけではないだろうか。

日本人の西洋憧憬は、その多くは明治時代に西洋文明を積極的に模倣した、文明開化の影響から始まっているようだ。

4　ワンダーフォーゲルの発祥伝説

わが国において流布されてきたワンダーフォーゲルの発祥を説明する伝説は、次に紹介する書物が主な出所となっていたと推定される。

これらの書物は、社会史、文化史、青年運動史などのような歴史のなかにおける位置づけはなされていないが、明治時代から西欧諸国への憧憬の趣が強かったわが国民にとっては、理想的な物語として広く伝えられて来たのであった。

各書物の該当部分を要約して発行年順に紹介しよう。

『列強の少年義勇団』

文部省普通学務局編

この資料が文部省から発行されたのは一九一六（大正五）年、第一次世界大戦が始まった直後であった。

英国の少年義勇団（ボーイ・スカウト）をはじめ米国、仏国、独逸、露国、伊国の少年義勇団をそれぞれ紹介しており、ドイツのワンダーフォーゲルについては次のように説明されている。

今少年義勇団の前駆者ともいふべきは、渉鳥旅行団（Wanderfogel）である。この団体は今より約二十年前伯林市外ステルグリッツ地方の学校生徒の始めたものである。その目的は、旅行によって出来得るだけ少青年の身体及精神の開発鍛練を為すにあるのである。

ところで旅行によって独り心身の健康を増進するのみならず、諸地方を旅行するときは、地理風俗歴史人情等を観察して、知見を広むることを得る。此の旅行団の旅行にはなるだけ辺鄙の地を選んで、汽車の四等に乗り、旅館等に宿ることを避け、農家の枯草、藁等の間に宿ることが多いといふことである。

その旅行の一団は八人乃至十人位であって、独り自己の心身を鍛練して困難欠乏に堪ふるの習慣を得るばかりでなく、同行者は互いに相助けて共同的事業の興味をも感ぜしむることができる。

『ワンダーフォゲル』

池田林儀 著

一九二四年に文化社から発行されたものである。池田は、報知新聞社・ベルリン特派員として一九二〇（大正九）年から二四）年までドイツに滞在した。ドイツ滞在期間は出口とほぼ同じ時期であった。「青年運動」という節で次のように紹介している。

一八九八年ベルリン、ステーグリッツに若い者同志が相集まって、山林村落をさまよい廻る団体を作った。彼等は、軽い旅装束を為し、簡単な弁当や鍋のようなものを携え、ギターとかマンドリンとかいう楽器をかきならし、俗歌俗謡を合唱し、旗を打ち振りながら山野を歩き廻り林間に芋を煮て喰ったり、野にダンスを試みたり、心ゆくばかり自然を楽しもうと言うのが、その目的であった。

これがひとたび起こるや、忽ちにして全国に広がり、千年来の風習であったかの如くに民族化してしまった。これがワンダーフォーゲルの起源である。

『ワンダーフォーゲル常識』

出口林次郎 編

後記の『ハイキング』と共に、わが国において全国的にハイキングが流行し、歩行運動の時代に入っていた一九三五（昭和一〇）年に奨健会ワンダーフォーゲル部が発行して、次のように解説している。

歩行運動の先陣として奨健会が行っていた奨健ワンダーフォーゲルの宣伝普及の書として全国的に広まったようだ。

一八九六年ステーグリッツに於いて、カールフィッセルという一体操教師が、彼の学生を伴って余暇ある毎に、山野に、森林に遠足を始めた。この企図は青年学生間に非常に歓迎され漸次近郊の都市邑に広まって行った。

都会文明の圧迫に耐ええず青春の鬱血のはけ口を自然に求め、山水放浪の旅に憧れる剛健な学生達が、フィッセル氏の徒歩遍歴に刺激されて数多の大都市に夫々の遍歴団を形成するに至ったのである。

拘束と不自由としか存在しない狭隘な学生生活の不満を痛感するにつけ、彼等はむしろ中世紀に於ける放浪的学生生活を羨望した。こうした学生等の支持によってフィッセル氏のワンダーフォーゲルは健全に成長した。

そして間もなく一般的に浸透して行き、各地方、各方面に同様の結合団体が発生し、驚くべき速さと力を以て広範な運動に成熟した。……

そして今や世界危機の風雲をはらむ国際政局の極度の先鋭化に伴って、民俗的、国家主義的に凝固し行くこれら欧州各国は、国家総動員の準備として、国民精神の作興、国民健康の獲得に大童となり、其の最も効果的な一方法としての体育運動の奨励が眼に見えて熾烈の度を加へて来た。

その一事実として、単なる自然逃避、自由のための一般闘争としてのロマンチックな揺籃期を超へたワンダーフォーゲル運動が自然遍歴を通じて、国土に対する愛着心の喚起、祖国に於ける伝統の認識、大国民的襟度と自負の涵養、体育価値の向上等積極的意義を注入し、活発な発展を兆している。

この書物の後半には計画・準備、携帯品、服装、注意、山の心得などを解説し、最後に東京を中心とするワンダーフォーゲル・コース一二五種を紹介している。

『ハイキング』

茂木慎雄・東京鉄道局編

一九三五年に発行された。

茂木は鉄道省（現在のＪＲ）東京鉄道局旅客掛に在籍していた。慶應義塾ワンダーフォーゲル部設立の当初から同部の顧問を勤め、また太平洋戦争終結後に発足した全日本学生ワンダーフォーゲル連盟の顧問を勤めた。

この出版の前年に鉄道省の各鉄道局は、ハイキングの大宣伝を行って当時日本各地で起きていたハイキング熱にさらに拍車をかけていた。

本書のなかで「独逸に於ける渡り鳥の群」と題して、ワンダーフォーゲルの起源を次のように述べている。

元来、ドイツにはワンデルン又はワンデルンストという言葉があります。ドイツ人は民俗的に烟霞の癖ありとでも申しましょうか、徒歩で歩き回る事を大変好みます。大自然へのロマンティッシュな愛好、自由への憧憬、熱心な祖国愛等の特性がワンダーフォーゲルを生み出したのであります。

ワンダーフォーゲルは一八九六年、ベルリン、シュテグリッツの学校で、一学生カール・フィッシェル氏の創意によって出来上がったと申します。フィッシェル氏は日曜、祝祭日毎に青少年たちを連れて山林、村落を歩き回る徒歩旅行の団体を創めました。軽装、小さいリュックサック、一本の杖、簡単な食事、ギターやマンドリンを掻き鳴らしながら、ドイツの民謡を放吟しつつ、山野を徒歩で彷徨するのが彼等の行動でありました。

当初においては、まだワンダーフォーゲルという呼称もなく、ワンダーフォーゲル団体相互の間には何の脈絡もなかったのです。……

時は非常時であるといふ。澎湃として日本精神が国の中に沸き返らうとしています。ボイ・シカウツでもよい。ワンダーフォーゲルでもよい。ハイキングを通じて国民保健の向上を計り、日本精神の統一を目指す一大社会運動が起きればよいと深く期待して止みません。

5　ドイツの青年運動だった

では次に、ワンダーフォーゲルの本国であるドイツのワンダーフォーゲルとは、どのようなものであったのかについて述べよう。

その全貌を歴史書から要約して紹介する。

わが国の歴史研究者たちの多くは、ドイツの青年運動はワンダーフォーゲルから始まったと総括しており、また真の青年運動と呼ばれるものはドイツ以外の諸国にはなかったとしている。

ドイツの青年運動と呼ばれる歴史の発端となったのが、ワンダーフォーゲルだったのである。

詳しいことは、巻末に参考文献を掲載したのでぜひ一読をおすすめしたい。

本書においては、ドイツの青年運動であったと総称されている期間（一八九〇年から一九三三年までの四四年間）を、初期、中期、末期として区分して、概観してみたい。

初期

一八九〇（明治二三）年から一九〇四（明治三七）年までの一五年間として、出来事を追ってみよう。

一八九〇年に、ベルリン郊外のシュテグリッツにあるギムナジウム（中等高等学校）で速記術を教えていた大学生のヘルマン・ホフマンが、生徒と共に森への徒歩旅行を初めて行った。これがワンダーフォーゲルの発端といわれるようになった。

一〇年後の一九〇一年に、ホフマンの教え子であったカール・フィッシャーがリーダーとなって（大学生となっていた）結社として組織化し、ワンダーフォーゲル・学生遠足委員会と名づけた。

「ワンダーフォーゲル」の命名発案者は、結社の一員であったヴォルフ・マイネンであったといわれている。

カール・フィッシャーたちの行動は、ギムナジウムに学ぶ学生たちの大人の既成文化に対する抵抗活動であったが、社会体制を改革するという革命的なものとは異なり、若者のロマン主義に根ざすものであったととらえている研究者が多い。

初期のワンダーフォーゲルは当時のエリートであったギムナジウムに学ぶ学生たちの中産階級的な現象として生まれたものであり、終始にわたって大衆運動とは相容れなかったといわれている。

シュテグリッツという街は教養市民層が多く住んでいたといわれている。ギムナジウムとは小学校に続く九年制（一一歳から一九歳）の中等高等学校で、大学への予備門であり教養市民（高級官吏、弁護士、医者、大学教授など）への登竜門となっていた。

この最初のころのワンダーフォーゲルにおいてシュテグリッツの学生たちが求めていたものは、家庭や教室から離れた独自の生活スタイルであり、遍歴、野外での自炊、農家の納屋に泊まること、自然体験などであり、これらがワンダーフォーゲルのスタイルとなっていった。

次第にこのスタイルの徒歩旅行は各地のギムナジウムに伝わり、続いて大学生のあいだにも広がった。

やがて、多くの若者たちによる様々な抵抗運動として流行し、次第に大衆化していった。

拡がりと同時に、多種多様なグループが生まれていくのである。

中期

一九〇五（明治三八）年から一九一八（大正七）年までの一四年間である。このころ、わが国においては山岳会（後の日本山岳会）が発足していた。

ワンダーフォーゲルは、ドイツ全国の都市部において自立的に発生した同盟や連合などのグループが、分裂を繰り返しながら無数のグループの乱立状態となっていった。

節制主義、菜食主義、自然治癒療法、裸体主義、教育改革、衣服改革、禁酒・禁煙、同性愛など、様々なグループが生まれては分裂を繰り返していたのである。

民謡集がハンス・ブロイヤーによって一九〇九年に出版され人気を集めた。

やがてこれらの青年運動のほかに、政府や宗教団体、政治団体、職業団体などが、青少年育成の事業として青年運動を誘導したり利用する動きが活発になってゆき、それぞれ勢力を強めていったのである。

軍事的愛国的運動、ボーイスカウトに類するもの、新教と旧教の宗教的な青年団、政党関係（各党）団体、社会主義青年団、職業団体青年団などであった。これらの団体に組み込まれた青年の数は、実に六百万人といわれた。

初期からの自立的青年運動の参加者は、ギムナジウムの生徒や大学生が中心であり、その数は六万人程度であり、中期になってから大規模に組織された少年育成運度とは理念を異にしていたといわれる。

初期から続いていたワンダーフォーゲルのローマン主義や理想主義の趣は次第に抑圧されていった。

政治的、社会的な諸団体は、「青年を制するものは未来を制す」との合言葉のもとに青少年育成団体の組織化にしのぎを削り、次いで政府や軍部が全国のこれら青少年育成団体を統合するに至るのである。

一一年に政府は、ユングドイチエラントブント（青年ドイツ連盟）を組織して青少年に対する軍事教育を始めた。これは、日本の青年団が日露戦争に際して盛んに活躍したことに刺激されたものといわれる。

これらの動きに対抗して一三年に、最も初期のワンダーフォーゲルグループの出身者たちが「自由ドイツ青年」という集団を結成してホーエン・マイスナーにおいて宣言を発した。この宣言の趣旨は「自分で決定し、自分の良心に基づいて自分の責任で行動しそして新しい人生を形成する」という青年の自主自律を訴えたものであったという。

一四年に第一次世界大戦が始まり、多数の青年が戦地に動員されていった。一八年にドイツが敗れて、第一次世界大戦が終結した。多くの青年が戦争の犠牲になった。

この第一次世界大戦が始まった時期をもって、ワンダーフォーゲルは終わったのだとする説もある。

末期

第一次世界大戦が終結した後の一九一九（大正八）年から三三（昭和八）年までの一五年間である。

わが国ではキャンプやハイキングが流行し始めたころであった。


ナチ党（国家社会主義ドイツ労働者党）は、二六年にそのイデオロギーを青少年に教育する目的をもってヒトラーユーゲント（ヒトラー青少年団）を創設した。彼らの制服は、茶色の開襟シャツであった。

第一次世界大戦に敗れたドイツの、国家復興に不可欠とされていた民族統一の手段として、ヒトラーユーゲントの組織的な活動も活用されていたといわれている。

初期のワンダーフォーゲルグループの集まりであった「自由ドイツ青年」は、結成してから一〇年後の二三年に解散するに至った。

三三年にはナチスの一党独裁となって、ドイツ国内にあったあらゆる青年団体の活動が禁止され、すべて解散を命じられた。

この時をもって、ドイツの青年運動は完全に壊滅したのであった。

第二次世界大戦後には、ワンダーフォーゲルという言葉も、ナチスの歴史と共に葬られたといわれている。

第三章　学生登山の歴史

学生登山の始まりは、児童や生徒の体力育成から始まっている。

明治政府は、廃藩置県と共に教育行政を統括することになり、西欧先進諸国に学んで教育体制を整備し拡充した。あわせて、生徒の体力育成に力を注いでスポーツを西洋から積極的に移入した。

児童や生徒の遠足に、明治維新よりも古くから各藩において行われていた体育の一つであった。

明治時代に入ってから、次第に中等教育が広まり、これにつれて遠足や旅行が普及した。学校教育の体育教科の一環であった。西洋スポーツの移入以後に中学校に校友会が誕生して、体育は全国的に広まった。

さらに教育制度の拡充によって高等教育が開始され、学校数が増加していった（表4）。

この表で明らかなのは、一九二〇年代から三〇年代にかけて高等学校と大学が増設されていることである。

表4　旧制と新制の学校数

西暦	元号	中学校	高等学校	大　学	高等師範
1873	明 6	20	-	-	3
1890	明 23	55	7	1	2
1900	明 33	194	7	2	2
1910	明 43	302	8	3	4
1920	大 9	368	15	16	4
1930	昭 5	557	32	46	4
1945	昭 20	776	33	48	7
1950	昭 25	14,165	4,292	201	-
1970	昭 45	11,040	4,798	382	-
1990	平 2	11,275	5,506	507	-
2010	平 22	10,815	5,116	778	-

文部省『学制百年史』「文部省年報」および文部科学省「学校基本調査」により作成．1950 年以降は，新制．

学生の山岳部が発展したのは、まさにこの時期であり、登山史のうえでみられるように、この時代に山岳部を設立する高等学校や大学や高等師範学校が増加したのは、実はこれらの学校数の増加に基づくものだったのである。

すなわち、増設された高校や大学は、ほぼ例外なく課外活動としての山岳部などを設立したのであった。

付言すれば、高等教育の大衆化は戦後に一挙に進み、平成の時代にさらなる大衆化が進んでいる（五二頁の表5～表7を参照）。

現在の「学生」は高等専門学校以上の在籍者を指しており、明治時代の学生をみる場合には、高等中学校（中学校の一部）以上の者を対象とすればよいと考えられる。

やがて社会資本の充実などに伴って登山が始まり、高等教育を受ける学生が増加するに及んで、これら富裕層の趣味としての旅行や登山の普及が始まったのである。

右のような学生登山の歴史を、次のように時代区分して、以下にそれぞれの時代を概観してみたい。

1 遠足部、旅行部の時代
2 山岳部の時代
3 ワンダーフォーゲル部の時代

巻末表1の「学生登山とその背景 要約年表」を参照されたい。この表は一〇年ごとに区切り、「学生登山と学校制度」の欄にその一〇年間の特色を標記した。

次に、冒頭で三つに分類した時代区分ごとに、経過を少し詳しく眺めてみよう。

1 遠足部、旅行部の時代（一八七〇～一九〇九年）

スポーツの黎明期といわれた時代である。「遠足」、「歩行」、「旅行」などが奨励された。もちろん徒歩によるものであった。

教育制度が急速に拡充されて、学校の増加と同じ歩調で競技スポーツや旅行の普及が始まった。

一八七三（明治六）年、中学校の野球が始まった。八二年、学校教科のなかで「体育」のほかに「兵式体操」と呼ぶ歩行訓練が始まった。教育の目的のなかに、身体鍛錬を加えたのである。

八六年、東京大学で校友会が発足し、校友会の組織のもとに「運動会」が創設された。スポーツを学校の「課外活動」として組み入れるシステムの始まりであったとみられる。

校友会は、学生、生徒、教職員、父兄などが一体となって作り上げられた組織であり、文部省による国の政策に添って校威の発揚に力が込められていたようだ。

以来今日まで、校友会という組織は、学生のスポーツクラブなどの自治的な集団として学校スポーツの発展に寄与し続けている。

八六年、東京高等師範学校において「長徒遠足」という一一日間にわたる旅行が行われている。

また、この年に学校制度が変更されて尋常中学校と高等中学校が誕生した。

九〇年、第一高等中学校で組織された校友会には、次の九部が置かれた。文芸、撃剣、柔道、弓術、ボート、ベースボール、ローンテニス、陸上運動、遠足である。

この例をみると、「遠足」が他のスポーツと同様に体育種目とされていることがよくわかる。

九二年、慶應義塾が体育会を創設し、このなかに徒歩部が新設された。

同年に、文部省が修学旅行を奨励する訓令を出した。

登山史の書物を繙《ひもと》くと、「学生登山」は九八年に創立された四高（旧制第四高等学校）の大学予科の北辰会・遠足部が最古のものと記録されているが、同校の当時の活動内容は、「鉱山などに出かけていたと」の記録があり（金沢大学山岳部ＨＰ）、主に近郊遠足を行っていたように見受けられる。

九九年、中学校が全国的に急増すると同時に校友会の設置が広まり、スポーツ各種目の学校間対抗競技が過熱気味となり選手養成のためのスポーツとなっていた。

一九〇〇年、日本博物同志会が発足、後に登山愛好家が別れて山岳会を作った。後の〇八年に、この山岳会を母体とした日本山岳会が発足している。〇五年、京都二中に登岳部が、翌年には京都帝国大学に旅行部（後の山岳部）が設立された。

それまでのわが国の登山は、夏山登頂などが中心であった。自然や風景の観察が目新しい旅行の対象として加わり始めた時代である。

各地に鉄道が発達して、旅行が広まり、旅行の一部として山に登ることが広がり始めたようだ。

社会人のなかにも、徒歩旅行と登山を行う団体の設立が流行していた。

絵師たちが描く山の姿や、文人たちが記した紀行文などの愛好趣味が広がった。まだ物見遊山の時期であった。次第に高山への興味も広がってゆくのである。〇七年、陸軍と文部省の学校体育に関する協議が始まっていた。

以上のように一九〇〇年代までが、遠足部から旅行部への時代であった。未だ数少ない高等教育の学生が、ようやく山へ目を向け始めた時期であった。

2　山岳部隆盛の時代（一九一〇～一九三九年）

旅行部から山岳部へ

表4にみられるように、高等教育の拡充が始まった。旅行部を設立する学校が多く、次第に山岳会などの名称で登山を目的とする部の設立が増加した。

［一〇年代の設立状況］（順不同）
遠足部：金沢医専、第一神戸中
旅行部：京都帝大、学習院、松山高、新潟高、
　大阪高商、京都府立三中
スキー部：東北帝大農科大
山岳会：一高、二高、三高、七高、八高、慶應義塾、
　神戸商、東京高等師範附属中
山岳部：五高、京都一中
登嶽部：京都二中
（『日本山岳会百年史』ほかより）

並行して国の経済も発展して、富裕層の大人《おとな》の旅行

趣味が拡がり、これにつれて全国各地に山小屋が新設され、登山道が開発・整備されていった。一四年、社会人の日本アルカウ会が発足した。一五年、富士山五合目小屋が開業している。では、この当時の学生登山とはどのようなものであったのだろうか。

『一高旅行部五十年』の「一高山岳部発足の由来」には、一九一三年に撮影された第一高等学校学生登山の記念写真が掲載されている。その説明文には、「先生一名、学生八名、案内者一名、強力七名、総勢一七名。米、味噌、鍋、草鞋等々大部分の荷物を強力に背負わせている」とある。

写真の先生と学生全員は、ほとんど空身で木の杖だけを持っている大名旅行のような登山姿の写真である。これが当時の学生登山の姿であり、案内人登山の光景であった。ごく少数の高等教育を受ける学生は、富裕階層に属する人たちであった。

次に、学生登山が誕生した頃の情況が如実に映し出されている一高旅行部の回顧の文章を、要約して紹介しよう。

一高山岳会が、…陸上運動部の一部門という形で大正二（一九一三）年に発足した」「山岳会を校友会の一部として独立させる希望は当初からあったので、…名称は通りをよくするため「旅行部」として運動を開始した」「校友会は息つまるようなはげしい議論の末…旅行部の設置を認めた。運動部の多数はもちろん反対票を投じた」

旅行部の創立を記念し、校友に部を紹介する目的で、…展覧会を催した。

これに追い打ちをかけて…講演会を開いた。

当時はまだ登山の風潮が起こらず、登山者も少なかったので、われわれの仕事は校友を啓蒙して山好きをつくり、山行を奨励するための団体登山を行い、テントや装備を貸し出して個人又はグループの登山を指導し援助することが主であった。尤も、同人中には当時としては先衛的な登山を試みる者が少なからず、…例えば大正五（一九一六）年伴野清、大島永明氏等による最初の槍・穂高逆縦走などは登山史上に特記されている。
夏になると次の団体登山を挙行した。
第一班　木曽御嶽と駒ヶ岳方面　一組
第二班　常念山脈、槍ヶ岳上高地方面　三組
第三班　白馬岳方面　二組
第四班　針の木峠を経て立山に至る　一組
私は第二班第一組のリーダーとして…一行は九人、…案内役は有名な横沢類蔵の外人夫五（二人は途中から帰えす）…

（日高信六郎「一高旅行部の成立」『一高旅行部五十年』より）

山岳部 発展期

一九二〇年代から、いよいよ「山岳部」という名称が主流となっていった。
高等教育を拡充する法制によって、高等学校と大学が増設された。
主な旧制の高等学校と大学は、この時期までに現在の山岳部の母体を設立していたのである。

［一〇年代の設立状況］（順不同）
山岳部：明治大、東京農大、日本大、関西大、新潟医大、中央大、北海道大、京都医大、拓殖大、國學院大、青山学院高、松本高、東京高、小樽高商、山梨工高、桐生高工、大阪高工、明治学院高商、東京高工商、高千穂高商、日本医専、大阪薬専、日本歯科医専、東京医専、九州医専、岐阜高等農林、東京工業専修、長野中、富山中、高知城東中、松山中
山岳会：東京商大、早稲田大、北野中
登山部：関西学院高
登山倶楽部：駒澤大
スキー山岳部：東京帝大、東北帝大、法政大、慈恵医大、盛岡高等農林
山岳スキー部：東京高師、魚津中
スキー部：同志社大
旅行部：九州帝大、大阪高、浦和高、成蹊高、高知高、浪速高、静岡高、東京府立高、昭和医専

旅行会：立教大
旅行倶楽部：東京歯科医専
遠足部：甲南高、神通中

（『日本山岳会百年史』ほかより）

また、表4にみられるように、二〇年代に高等学校と大学が増設されているので、この時期にほとんどの高等教育機関において旅行部または山岳部が設立されたことが推察できる。

この二〇年代に、学生たちが先頭に立った「雪と岩の時代」が開始された。

西洋の登山（雪と岩、冬山用の道具など）の移入が始まり、さらに困難なルートの開拓が加わり、学生たちの登山が先鋭化を始めた時期であった。冒険登山が流行し始めたのである。先鋭化した学生たちは、「より高く、より困難を」を標語としていた。

「新しい西洋的な登山が、アルピニズムという言葉とともに学生を中心とする登山者たちによって次第に波紋を広げていった」（山崎安治）のである。

以後のわずか一〇年ほどの間に、日本国内では積雪期に登頂する山が登り尽くされて、アルピニズムと呼ばれた登山スタイルは終焉を迎えたといわれている。

ごく少数の登山者がアルピニズムという言葉に思想性をもたせた特権意識によるものであったともいわれた。

二八年に発足した昭和医学専門学校（現在は昭和大学）の旅行部は、「当時は登山、キャンプ、温泉、旅行、スキー合宿などを実施していました」と紹介されている（昭和大学ＨＰより）。

このような活動が、初期の学生山岳部の一般的な活動内容であったものと考えられる。

二〇年代の終り頃にアルピニズムの勢いが衰えたことをもって、登山スタイルの分化が始まったと唱える人もいたが、学生のなかにも、社会人のなかにも、先鋭的な流行を追わなかった多く登山者たちがいたのである。

当時、西洋から移入された競技スポーツが学校の増設と共に全国に広まっていた。校友会の活動に支えられて、課外活動として発展しており、各スポーツ種目ごとに日本連盟が続々と発足した。

一九年、各地に山小屋の開業が続いた。大町登山案内人組合と白馬山案内人組合が発足した。

社会人たちの間でも登山団体の結成が相次いだ。

この当時の登山は、案内人と強力たちを多数雇い入れて登るスタイルの「案内人登山」の時代であり、地元の旅館が案内人と強力を集め、食糧などの手配一切を引き受けていた時代であった。

登山者自身が荷物を背負うリュックサックの西洋からの輸入が始まったのもこの頃のことであった。

社会人の登山団体が増加したが、その多くは、徒歩会やアルコウ会などによるハイキングや徒歩旅行の団体であったようだ。

天幕生活と呼ばれたキャンピングが流行した。

二四年、文部省が体育奨励策として全国体育デーを実施した。

二八年、大学ワンダーフォーゲル部の起源となった明治大学・駿台あるこう会が発足している。

山岳部 隆盛期

一九三〇年代は、スポーツや登山の大衆化が進んだ時期である。

大学などの運動会や体育会におけるスポーツが、学生全般を目的とする体育から外れて、対抗競技中心の活動となったことに批判が相次ぐようになり、大学内においてもスポーツの大衆化が始まった。

少数エリートの文化であった学生登山は、学校の増設と学生の増加などによって急速に普及して、多くの登山愛好家が加わることになった。

山小屋の開業が相次ぐなど登山環境が向上した影響も加わって、登山の大衆化が急速に進んだのである。

この時期には、先鋭派や静観主義派などがそれぞれの山の楽しみ方を表明して同志を集めていた。

「遊戯的登山」（スポーツ的登山）とは対照的な立場をとる「静観派」が、学生や社会人のなかに拡がって数を増してきた。

わが国の伝統的な登山を愛好する人々の増加であった。山岳部などの分化が始まった時期だといわれている。

これは、三〇年に出版された大島亮吉の『山―研究と随想』のなかの「山への想片」に書かれた静観主義に、大きく影響されたといわれている。

この昭和初期の時代には、雑誌「山と渓谷」「ハイキング」「山小屋」「山と高原」などが創刊され、上越線の清水トンネル開通による谷川岳への人気が高まって社会人の山岳団体が続々と結成された。

ハイキングが大流行し、ハイキング団体が続出した。

深田久弥は次のように述べている。


西洋では山に挑戦するとか征服するとかいうが、日本にはそんな言葉は生まれなかった。お山詣りは六根清浄の場であった。山に対抗するのではなく、山に帰依するのであった。闘争ではなく親和であった。それは日本の山がおのずからそんな感情を起こさせるような、優しく崇（たか）らかな姿をしていたからであろうが、また一つには日本の山が微妙な美しさを持っていたからにもよろう。

（『名もなき山へ』より）


わが国の登山愛好者にはこのような人々が多かったのであ。


三七年、国民歩行運動が始まり、一九三九年には大学で軍事教練が必修化された。一九四一年に太平洋戦争が始まった。

全国の大学において、陸軍の指導により山岳部やワンダーフォーゲル部やボーイスカウトなどは行軍山岳部などに編成替えされた。

団体旅行と全国的な競技大会は中止せよ、との訓令が出された。

太平洋戦争の激化に伴って、学生も勤労動員や戦地への学徒動員などによって学業を離れることになり、大学などの教育機関は休止状態となった。

明治時代以来続いて来た学生登山の歴史は、途切れることになったのである。

3　ワンダーフォーゲル部の時代（一九四〇〜一九六九年）

戦後には政治経済にとどまらず、あらゆる面で激しい変化があり、そのなかにおいて大学生のワンダーフォーゲル部が生成発展し隆盛の時代となった。一九五〇年以降は、レクリエーションがわが国において急速に普及した時期である。

この時期の象徴的なことは、戦前の1920年代(山岳部発展期)に人気を集めていた先鋭的な登山が衰退して、その一方において伝統的な登山が再び人気を集め出していたことである。

これにレクリエーションの普及という時代背景が加わって、学生登山の文化が大きく変貌して行くのである。

ワンダーフォーゲル部 誕生期

一九四〇年代には五大学にワンダーフォーゲル部が誕生した（巻末表2参照）。その後、続々と全国の大学でワンダーフォーゲル部が創設され、校友会に所属し、課外活動の一種目として山岳部と並んで活動を開始したのである。

ワンダーフォーゲル部が創設された当時の状況は、約三五年前に一高旅行部が設立されたときの状況（一五頁参照）と相似しており、興味深いものがある。

終戦直後の四五年から、学生の山岳部やワンダーフォーゲル部の活動復帰が始まった。戦地などから復員した大学生などによる、部活動の復旧であった。

教育制度の変更によって、六・三・三・四制度が始まった。新制大学が発足し、体育が必修化された。

戦前まで続いていた学生登山の文化は、学校制度の変更によって断絶されるに至った。

挑戦や冒険を旗印として掲げる山岳部よりも、山を楽しむ思潮のワンダーフォーゲル部が増えて、急速に登山愛好者が増加していったのである。

戦後改革によって、わが国におけるレクリエーションの普及活動が始まった。

次のような機関が新たに設置された。

四七年日本レクリエーション協会、一九四八年教育委員会（各都道府県および市町村に）、一九五一年日本ユース・ホステル協会、などである。

経済の成長に支えられ、レクレーションが普及すると共に、ワンダーフォーゲル部の部員が激増した。

四八年、全日本学生ワンダーフォーゲル連盟が結成された。

四九年、制定された社会教育法で、社会教育活動は「学校外でのスポーツ及びレクリエーションを含む」という趣旨が定められた。全国に教育委員会が発足して、主として青少年のスポーツとレクリエーションの普及活動が続けられた。

社会人の登山団体が、地域や職場ごとに数多く結成され、雑誌「山と溪谷」が復刊され、「岳人」が創刊された時期であった。

ワンダーフォーゲル部 発展期

一九五五年、わが国の経済の高度成長が始まり、七三年までの長期成長が続き、高度成長期と呼ばれた。

青少年の教育キャンプやサイクリングが流行した。

社会人の登山団体も多数結成された。

世間において安全志向が強まり、登山はスポーツとしてよりも、レクレーションとしての登山愛好家が増加した。

大学山岳部の衰退が始まっており、大半の大学に設立されたワンダーフォーゲル部が大学生の登山クラブの主流となっていった。

ワンダーフォーゲル部 隆盛期

一九六〇年代までに、ワンダーフォーゲル部が北海道から九州にわたる全国の大学に設立されて、大発展を遂げた（巻末表2参照）。

六五年、団塊の世代が大学に進学する時期と重なり、私立大学が急増して大学生の数が増加した。

六九年、高校への進学率が約八〇％になり、大学への進学率（男女合計）は一五％を超えて、教育の大衆化が進んだ。

文部省『学制百年史』（総説）には次のように書かれている。

　このような多様な大学に昭和四一（一九六六）年度から学生定員を急増したが、特に私立大学における学生数は著しい増加をみせ四六年には大学生の七六％が私立大学生となった。このようになっては旧制大学で行われていた教育・研究を続けることは不可能であって、いわゆる大学大衆化に応ずる大学改革を行わなければならなくなった。

体育系クラブへの入部者が減少して、体育会などには所属しない同好会が無数に誕生した。体育離れと呼ばれた。

大学紛争が東大から始まり全国の大学にも多発した。一方においてノンポリ学生が増加し始めた。社会に感心をもたない世代といわれ、今が楽しければそれでいいという価値観が広がり始めたのも、この頃のことであった。

大学におけるワンダーフォーゲル部や山岳部の活動内容が多様化し始めた。

ワンダーフォーゲル部 成熟期（一九七〇〜一九八八年）

一九八八年に昭和の時代が終わった。

ワンダーフォーゲル部や山岳部などは、部員を勧誘するために、アウトドアーの各種目を活動のなかに取り込むなど、活動内容を団体活動よりも個人活動に傾斜させる部が続出した。

価値観が大きく変化したといわれ、個人主義化の風潮が拡大していった。興味本位の集団種目に刹那的な興味を覚える学生が増加したものとみられる。

仲間意識がなくなり、個人主義が大勢を占める時代になった。多くの学生たちは力を合わせて事に当たるという協同的な生き方を、忘れ去ったのではないだろうか。

大学の公式ホームページでみる限りにおいても、ワンダーフォーゲル部の活動は多岐にわたっている。

また数年来のワンダーフォーゲル部が運用しているホームページからみられる傾向は、各部による活動の目的や方針や活動内容の差異が増幅していることであろう。

この差異は、それぞれの部の伝統によるもの、国立と私立、古い大学と新興の大学、などのあいだに現れているものと思われる。

学生登山の歴史はこれからも続く。一つでも多くのワンダーフォーゲル部のなかに、よき伝統が築き上げられてゆくことを期待しよう。

第四章　大学ワンダーフォーゲル部の誕生

戦前には二種類のワンダーフォーゲルがあった。勤労者のワンダーフォーゲルと大学生のワンダーフォーゲルである。

勤労者のものは、その当時に国策となっていた「歩行運動」の一環として組織されていたもので、太平洋戦争の終結と共に消滅した。太平洋戦争終結後（以下、戦後）には、復活することはなかった。

大学生のものは、戦後に復活して、時代と共に生成発展して今日にいたっている。

二つのワンダーフォーゲルが起きた昭和の初期という時代は、わが国における第一次登山ブームを引き継いだ大衆登山ブームの流れのなかにあった。

キャンピングに次いでスキーが流行し、雑誌『山と渓谷』が創刊されて、全国の都市部に社会人の登山団体やハイキング団体の結成が大流行した頃であった。

一九二〇（大正九）年にジャパン・キャムピングクラブが設立され、機関誌「キャンピング」や「天幕生活」（河田祐慶著）が発行された。

1　戦前の勤労者ワンダーフォーゲル・奨健会

戦前は、中等教育または高等教育を受けるごく少数の学生以外は、ほぼすべてが小学校卒業後、勤労者として何らかの職業に就労していた。今日でいう社会人となっていたのである。

一九二二年にわが国においてもボーイスカウトならびにYMCAがキャンピング活動を開始した。

その後、国防体制を強化するために歩行運動が全国に広まり、ハイキング、登山が大いに奨励されていた。

全国の大都市の私鉄では、ハイキングや登山のための往復割引乗車券を発売して盛んに宣伝していた。歩行運動の普及活動の一環であった。

当時は世界各国が競って、戦争に備えた国力の育成手段として、若年者の体力増強を目指していた。

わが国におけるその例としては、強歩大会、正常歩運動、健歩会などがあった。

体育奨励団体として奨健会(後述)のワンダーフォーゲル部が発足し、強歩章検定基準というものが規定されて以来、強歩大会という企画で歩行運動が全国的に盛んになっていた。全日本体育連盟が定めたこの検定基準は、年齢区分ごとに一定の距離を定められた時間内に歩くことされていた。

国を挙げての歩行運動の時代となった。

ハイキングの流行

一九三三（昭和八）年に、奨健会がワンダーフォーゲルを始めた当時には、歩行運動は健民運動などとも呼ばれて、国は先進の各国にならって青少年の体力増強を必須の事業としていたのである。

同年に、東京ＹＭＣＡが「渡鳥会」（ワンデルフォゲル）と名づけてワンダーフォーゲルを開始していた。同会の青年部がクラブ活動として主催した二泊三日のキャンプ旅行であった。

同じく三三年に鉄道省が、富国強兵、殖産振興策に沿って、全国的にハイキングの宣伝を開始した。「空高くハイキング」というスローガンをかかげて主要都市を中心としたハイキングコースを開発し、案内書を発行して二割ないし二割五分引きの運賃で毎週、日曜日や祝日等にハイキング特別電車を運転した。

都市部にあった私営鉄道会社がこれに同調してハイキングの勧誘事業を行い、大都市のデパートでハイキング相談所を開くなどの宣伝活動を行った。

三五年に、出口編『ワンダーフォーゲル常識』や茂木著『ハイキング』などが発刊されて人気を呼び、出版社や鉄道会社がハイキングコースの紹介を行い、全国的にハイキングが大流行した。

同年に、慶應義塾大学と立教大学においてワンダーフォーゲル部が設立され、翌年に明治大学の駿台あるこう会が改組・改名してワンダーフォーゲル部として発足したのである。

三六年には山口高等商業学校にも、ワンダーフォーゲルの会が結成された（『あるきの記』より）。この記録をみると、奨健会の指導による健康運動として組織されたものであったと推測される。

三七年に日中戦争が始まり、その後は厚生省の新設、国家総動員法の交付、鉄道省の旅行自粛策などの動きがあり、厚生省を中心とした歩行奨励運動が世間の大勢となっていった。

三八年に鉄道省は、文部省、厚生省、大日本聯合青年団、日本旅行協会（現・日本交通公社）などと共に全国各地に青年宿泊所を含めた青少年徒歩旅行コースを指定して、鉄道運賃を五割引きするなど青少年徒歩運動を盛んに奨励した。

当時、徴兵検査などで明らかとなった国民体力の低下が政治課題となり、陸軍の政治への発言力が増大した。陸軍省と内務省とが主導権を争っていたが、三八年に新たに厚生省が創設され、社会体育・スポーツなどが厚生省体力局の所管に集約された。

厚生省は「まず歩こう」運動を提唱した。徒歩通勤や徒歩通学、郊外散歩、遠足、神社仏閣徒歩参詣、団体的強行軍などを推奨するものであった。「歩け歩け運動」が盛んに行われ始めたのである。

奨健会の設立

奨健会は、一九二五（大正一四）年に民間人の寄付によって設立された財団法人であり、体育の奨励活動を目的としていた。

同会は、内務省の外郭団体として官庁の組織の外部に置かれていたが、補助金を受けて所属官庁の補完的な業務を行い、事務所を内務省においていた。

出口林次郎が内務省の常勤嘱託として採用され、同会の主事となった。

当時の内務省 衛生局保健課は、学校体育以外の勤労者（社会人）の体育・スポーツの振興に進取的に取り組んでいた。

一方の学生の体育は、従来どおりに文部省学校衛生課が管掌していた。

二四年に、内務省が第一回明治神宮体育大会（現在の国民体育大会の前身）を開始するなど、わが国における屋外体育の勃興期といわれた時期でもあった。

内務省では「奨健地」や「奨健施設」という言葉の定義を、徒歩旅行、登山、野営、海水浴、スキー等に適当な土地をいうとしていた。これが奨健会という名前の由来であったと思われる。

同会の設立の由来は、「小池厚之助氏が小池國三氏遺志により一般国民の間に合理的なる身体鍛錬を奨励し健康の保持増進に資するの目的を以て……之を設立し……内務大臣より財団法人たるの許可を得今日に及べり。」と同会の報告書に記されている。

奨健会の勧奨によって全国に設立された勤労者のワンダーフォーゲル団体は、次のとおりであった。

一九三四年:甲府ワンドラー、香川ワンダーフォーゲルの会
一九三五年:山口県ワンダーフォーゲル
一九三六年:新潟県ワンダーフォーゲル
一九三七年:石川県日本ワンダーフォーゲル支部
一九三八年:奨健歩行会函館支部、同富山県支部、同神戸支部、鳥取県奨健歩行倶楽部
以後一九四三年までの間:奨健歩行会島根県支部、同猿橋支部、同徳島支部、同静岡支部、同福島支部、同金沢支部、同愛知県支部

奨健会の行事も三八年から登山の回数が減少し、練成強歩の会、史跡巡り、山野横断強歩大会、百粁練成夜行軍、強歩講習会、団体強歩大会、女子強歩大会などが増加した。

同会の歩行運動は、四三年七月に一度開催された「百粁練成夜行軍・明治神宮—国分寺往復」をもって記録が途絶えている。同会の活動はこの時期をもって休止したものとみられる。

奨健会ワンダーフォーゲル部が発行した会報(月刊)は、創刊から戦争による発行中止に至るまでの約一〇年にわたって毎月刊行された。この間に、次の通り誌名を改題して発行した。時局に対応したものである。

『奨健ワンダーフォーゲル』一九三三年六月(一巻一号)から一九三七年九月まで
『日本ワンダーフォーゲル』一九三七年一〇月(五

巻一〇号）から一九三八年五月まで
『歩行』一九三八年六月（六巻六号）から
一九四三年一一月（一一巻一〇号）まで。

同時代の山の雑誌『山と溪谷』（一九三〇年創刊）、『ハイキング』（一九三二年創刊）も、四三年に発行がとだえたようだ。

この年は太平洋戦争の局面が緊迫していた時期で、六月に国内労働力を補充するために男女学生を就労させる勤労動員命令が発令され、九月には学生の体育大会がすべて中止される事態となった。

奨健会ワンダーフォーゲル部の発足

一九三三年に、奨健会がワンダーフォーゲル部を組織した。同会が以前から行っていた歩行会を、改名してワンダーフォーゲル部と命名したものであった（一〇頁参照）。

一五歳以上の勤労者を対象として会費制の会員を募り、毎月一～三回くらい東京近郊の山々を歩いていた。

その後も登山を活動の中心にして、これに自転車ワンダーフォーゲル、スキーワンダーフォーゲルなどを加えた。会員は、登山を目的として入会した者が多く、当初は北海道や南北アルプス登山が毎年数回ずつ行われていた。

この当時、同会のワンダーフォーゲルは全国の歩行運動の模範として注目されていたのである。

会員の数は、設立後一年目に七三五名、一二年目には、全国で六四〇〇名に増加していた。

初期の徒歩旅行には、関東地域の勤労者が個人または職域グループとして参加し、ＹＭＣＡの一般会員や、学生会員なども加わっていた。

立教大学ワンダーフォーゲル部を創設した寺村栄一や、慶應義塾大学ワンダーフォーゲル部創立の中心メンバーだった中村正義も学内のＹＭＣＡの同志とともに参加していた。出口は参加したこれらの学生に、ワンダーフォーゲル部の創設を奨励した。

静岡ワンダーフォーゲルを創設した山崎卯三郎も奨健会ワンダーフォーゲル参加していた。

奨健会が、発足以来続けていた体育奨励事業は、三一年以降には出口が指導する歩行運動に重点が移されていった。

同会主催の歩行運動は第二次世界大戦開戦に至る時局を反映して、年を追って月例行事のなかに国民歩行運動大行進をはじめとする強歩大会、夜行軍大会などの集団歩行運動の回数が増加していった。

三二年には大阪市が大阪遠足聯盟を結成した。これが関西のワンダーフォーゲルブームの端緒となったといわれている。

2 戦前にあった大学生のワンダーフォーゲル

明治大学・駿台あるこう会

日本における大学生のワンダーフォーゲルの起源は、明治大学・駿台《すんだい》あるこう会であった。

大学において初めてワンダーフォーゲル部を設立したのは、一九三五（昭和一〇）年の立教大学であり、同年に慶應義塾もワンダーフォーゲル部を設立した。

両校のワンダーフォーゲル部は、いずれも奨健会ワンダーフォーゲル部の出口の指導を得て設立し、初代部長には学内の有名教授に就任を依頼した。

これに対して、明治大学のワンダーフォーゲル部の設立は、前記二校に次ぐ三六年であったが、駿台あるこう会という母体をワンダーフォーゲル部に改組・改称したものであった。この経緯などについて、駿台あるこうを主宰していた春日井　薫教授は、次のように記している。


明治大学ワンダーフォーゲル部の起源は「駿台あるこう会」にある。大正一五（一九二六）年留学から帰った私は、一面に大学らしい学生の自発的研究を奨励すべく研究会を開いた。それが今日の金融研究会の起源である。

同時に学生スポーツ新興の急務を感じて……ラグビー部の部長を買って出、時には選手と起居を共にして猛練習とラグビー精神をたたき込むことに専念した。

良い空気を吸い、豊かな日光にふれ歩きながら人生を語り、歴史を説き、理論を交わそうではないか」というのがこの歩行会であった。これが何時からとなく「あるこう会」と呼ばれた。

この会は、ごくフリーな気持ちの、全く束縛も規約もない集まりだった。こうした自由な任意な歩行会は約十年つづいた。東京近郊は大てい歩き尽くし、人は変われど私だけはその片隅に行を共にして若人の伸びゆくさまを注目していたのだった。

（『三十年のあゆみ』より）

駿台あるこう会は、春日井の英国留学の体験をもとにした理想が込められていた。

春日井は、マスコミ教育では実施できないマン・ツウ・マンの教育を、ゼミナールと指導クラスを通じた魂と魂の触れ合いに求めた。あわせて、ケンブリッジ大学のスポーツマンシップ育成の伝統に文武両道の指導理念を見出だして、知力と体力を併せ持つ指導者の育成を意図していたのである。

立教大学ワンダーフォーゲル部

奨健会の主催による社会人を対象としたワンダーフォーゲルは人気を博し、まもなく大学にも飛び火して、一九三五（昭和一〇）年に立教大学ワンダーフォーゲル部が誕生した。学内の文化団体に所属した。

寺村栄一が、奨健会ワンダーフォーゲルに参加して、同会の出口の指導を得て学内に呼びかけて設立したものであった。寺村は、同年にワンダーフォーゲル部を設立した慶應義塾のＹＭＣＡ学生会員の諸氏とも、奨健会のワンダーフォーゲルを通じて知り合っていた。

寺村の回顧録から設立の経過を要約して紹介する。

ワンダーフォーゲルの基本理念である国土を知り歴史をかえりみ、地域住民との交流をはかることは大学生のクラブ活動としてまことに好ましいものとの観点から……、特に運動部員のシーズンオフ期間の体力づくりをも目的に繰り入れて全学に呼びかけたものであった。看板教授であった河盛好蔵教授（仏文学）を部長に迎えた。

一九三六年に最初のワンデルングが行われ、

一九三九年までは学生食堂を利用して時々集合していた。同好会的な山行が続き、奥多摩や丹沢に四~五名が参加していた。

（『いろりび 創立六〇周年記念特集号』より）

九三六年に第一回目のワンデルングを開催した。三九年に航空研究部と同居の部室が与えられたようだ。

慶應義塾ワンダーフォーゲル部

一九三五（昭和一〇）年に慶應義塾ワンダーフォーゲル部が設立された。

創設者であった星 登と中村正義は、共に東京YMCA学生会員として奨健会ワンダーフォーゲルの行事に参加しており、立教大学と同様に奨健会の出口の指導を得て創部した。発足当時の部員は三六名であった。部長には清岡瑛一教授（英語）を迎えた。顧問として出口と茂木慎雄が就任した。

中村は部を発足させた当時の経緯について次のように綴っている。

私は神田のYMCA学生会員として、学内の運動を行っていた一九三四年、文部省体育課奨健会主催の奥多摩ワンデルングがあり、同志と参加した。この最終学年の年、星氏が「塾にもワンダーフォーゲル運動を起こしたい」と言ってドイツの話を聞かせてくれ、私も共鳴し学内ワンダーフォーゲル部を創設しようということになった。……太田長次郎氏とはかり、部創設、会則作成にあたり、…

第一回のワンデルングは小田急沿線を選び、道了山より箱根に抜けるコースで行われた。或るOBの報告文には「創立の頃は学業の余暇を利用して月に一回程度、数人から十数人のグループでワンデルング、キャンピングを楽しむ程度のささやかな部であった。

（『ふみあと 25周年記念』より）

創立当時の部室は、YMCAの部室のなかに置かれていた。

創部して二年後の三七年に機関誌「ワンダーフォーゲル会誌」を発行した。現在は「ふみあと」と改称して継続刊行されている。

綱領が、会誌第二号に次のように掲げられている。

一、山河を越へて独立自尊の精神を発揚しよう。
一、自然に親しみ浩然の気を養はふ。
一、諸国を遍って我等の風土に親しまう。

この綱領は、奨健会のものにならって作られたものとみられるが、後年の会誌には掲載されなくなった。同部は、設立の当初から文化団体連盟に所属して今日に至っている。これに関して創設者の中村は次のように座談会の場で語っている。

我々は体力向上もめざしていたので最初は体育会に入りたいと思っていました。確かではありませんが、山岳部が体育会として昔からあり、槙有恒さんとか有名な登山家が活躍されており活発に活動していました。ワンダーフォーゲルはその子分ではないが弟分のようなものでしたから、学校当局が体育会として認めなかったのではないでしょうか。

創立当時は、一般の塾生にも行事への参加を呼びかけていた。その後、部員番号制度が始まり、部の行事に五回以上出席すると総会において番号が授与されていた。

出口と茂木を長年にわたって顧問として迎えていた。一九五一年に、ＯＢ会・三田会が発足した。

明治大学ワンダーフォーゲル部

明治大学・駿台あるこう会の春日井に対して、奨健会の出口から、ワンダーフォーゲル部を設立してほしいとの要請が行われた。

春日井がこれに同意し、一九三六年に前述の駿台あるこう会を改組してワンダーフォーゲル部の設立に至ったものであった。

春日井の回顧録からその経緯を紹介しよう（エピソード2も参照）。

一九三六年、出口林次郎氏が歩行奨励運動を興し、全国に独逸《ドイツ》仕込みのワンダーフォーゲルを作り相当隆盛になった。

学生時代の同級生であった私に「自分の母校にも是非ワンダーフォーゲルを作って貰いたい。既に慶応と立教には出来て居る」との話があった。

当時の校友であった帥尾源蔵氏が熱心に薦めてくれたので、当時の学生諸君に計りその年の秋に駿台あるこう会を母体としてそのまま明治大学ワンダーフォーゲル部に改組した次第だった。

その時の部員は二三名。学生委員長には三本鳴美氏（後に初代監督）が就任した。

続いて三本初代監督の回顧録から要約して紹介する。

同級生の有志を集めて春日井教授の指導の下に、ワンダーフォーゲルの集まりを作り、初代の委員長として、部の綱領、バックルを定めました。

当時は現在のように組織だった部活動といったものではなく、ゼミナールを中心とした旅行会と云った方がピッタリします。又それだけに肩のこらない和やかな集いであった訳です。

第一回ワンデルングは高麗村一二キロ、第二回は武蔵野村一四キロ、第三回は富士五湖（一泊）、第四回は八ヶ岳高原(一泊)、第五回は関・燕スキーワンデルング（三泊）と記録されている。

（『三十年のあゆみ』より）

改組してワンダーフォーゲル部を設立すると同時に明治大学体育会に所属し、創立三年目に部誌「Wonder Vogel」を創刊した。

全日本学生ワンダーフォーゲル聯盟

戦前の一九三八（昭和一三）年に、全日本学生ワンダーフォーゲル聯《れん》盟が結成された。

加盟したのは、明治大学、慶應義塾、立教大学の三大学ワンダーフォーゲル部であった

結成の前年に奨健会ワンダーフォーゲル部が主催した習志野キャンプファイアーに、明治大学と慶應義塾が参加したときに聯盟の結成が話題となり、奨健会の出口

の斡旋ならびに指導によって立教大学を加えて全日本学生ワンダーフォーゲル聯盟を結成する運びとなった。

同聯盟の事務所は厚生省体力局体育課内の奨健会に置かれ、会長には奨健会の推挙によって香坂昌康（大日本青年団理事長、元東京府知事）が、副会長に出口が就任した。

聯盟への参加資格は、大学と専門学校のワンダーフォーゲル団体と定めていた。

同聯盟が結成された年には、全国的に青年徒歩旅行が奨励されており、次第に第二次世界大戦の戦時色が強まりつつあった時期で、また奨健会が勤労者のワンダーフォーゲルの支部を全国各地に拡大していた最中のことであった。

一九三九年に同聯盟は第一回合同ワンデルングを奥多摩日の出山集中登山として開催した。

同年六月に筑波山神社参拝合同ワンデリングが、また秋には高松山ワンデリングが行われた。

四〇年に早稲田第一高等学院（早高）のハイキングソサイェティーが加盟した。加盟と同時に早高ワンダーフォーゲル部と改名した（連盟誌「歩行」三一年六月号より）。

四三年一月に行われた合同練成夜行軍（香取神宮・鹿島神宮への徒歩参拝）が、戦前におけるこの聯盟の最後の行事となった。この最後の合同練成夜行軍の模様を、中村輝雄（明治大学ワンダーフォーゲル部 初代主務）は次のように語っている（談）。

> 参加大学のうち明治大学（参加者二一名）は、校友の師尾源蔵氏に率いられて、ワンダーフォーゲル部、射撃部、銃剣術部の三部合同で参加した。当日は雨天、上野を出発、安孫子を通過、戦勝祈願の参拝行軍とされていたので、参加者全員が教練用に学校に備えられていた鉄砲を担ぎ、角帽・ゲートル姿で行進した。

同年一二月にはわが国の戦時における兵力不足を補うための学徒動員が始まり、高等教育機関の在学生も入隊させられて戦地に向かうことになるのである。

この聯盟活動は、太平洋戦争によって休止状態となった。

歩行運動一色の時代

一九三八（昭和一三）年に国家総動員法が発令されて、戦時体制が強化された。

時代を反映して、流行していたハイキングや旅行を練成旅行と名称を変えて、史跡や遺跡を巡るなどの国策的な旅行として奨励した。

旅行の概念を、祖国や郷土を認識して心身を鍛錬するものとしたのであった。

またわが国としては、日中戦争を経て、太平洋戦争の開戦に至るまでの中間の時期であり、国際的な緊迫の度が高まっていった時代である。

三二年にわが国は国際連盟を脱退した。同年に、ハイキングの団体が全国でたくさん設立され始めた。

奨健会は、勤労者の会員を募集して歩行運動の拡充に本格的に取り組み始めた。

私鉄各社は、営業収入増大の好機ととらえて沿線に新たなハイキングコースを開発するため、勤労者の山の会や学生の山岳部などに協力金を払うなどの積極方針をとっていた。

鉄道省や新聞社が募集したハイキング標語の当選作品「颯爽としてハイキング」が有名になった。

鉄道省年報・昭和十年度版には次のように記されている。

本年度モ前年度ニ引続キ旅行ノ保健化ヲ一般ニ普及スルコトトシ夏ハ「夏に鍛へよ」、秋ハ「澄む空に脚かるく」、冬ハ「冬こそ大気の中へ」ノ標語ヲ選定シ、之ヲ鉄道標語トシテ各鉄道局ニ於イテポスター、パンフレット類等ニ表示シテ同標語ヲ全国ニ普遍セシムルコトトセリ、旅行ノ保健化ト共ニ国民思想善導ノ主旨ニ基ヅキ信仰旅行ヲ推奨スルコトトシ、信仰ハイキング、皇陵巡リ、札所巡リ等ノ宣伝ニ努メタリ…

当時、ハイキングという言葉は画期的な新語であったという。当初はグループがテントを携行して歩くことがハイキングと呼ばれていたが、その後にはキャンプを伴わないものもハイキングと呼ばれるようになった。

日中戦争が始まり、その後は厚生省の新設、鉄道省の旅行自粛策などの動きがあり、厚生省を中心とした歩行運動・健民運動・強歩・練成・精神作興などなどの用語や運動が、世間の大勢となり、歩行運動一色の時代となっていたのである。

大学で行軍山岳部結成

一九四一年八月に、文部省が軍事教練担当の現役将校を全国の大学の各学部に配属した。

　大学生も軍事教練が必修科目となり、すべての大学において「歩行行軍」などと呼ばれる科目として、学生全員が行軍に参加させられた。

　立教大学ワンダーフォーゲル部は健歩部に、慶應義塾ワンダーフォーゲル部は歩行会に、明治大学ワンダーフォーゲル部は山岳部とボーイスカウト団と併合させられて行軍強歩部に、青山学院大学ハイキング部は基礎訓練部・行軍班にそれぞれ改称させられた。

　各大学においては自主的な登山活動を続けていたが、奨健歩行会が主催する強歩などの行事に参加する回数が目立って増加していった。

　戦局の激化と共に、学生たちは勤労動員に続いて戦地へ出征させられることになった。

　部員がいなくなった各部は休部状態となり、一九四五年の敗戦に至ったのである。

episode 1

出口林次郎と歩行運動

内務省の嘱託となった

出口《でぐち》林《りん》次郎《じろう》（一八九九～一九七七）は北海道出身で、一九二一年明治大学英法科を卒業し天理中学に奉職の後に米国に私費で留学し、続いて二年間ドイツベルリン体育大学に留学して体育学を専攻した。

この当時は、わが国の近代化の最中で、法学、医学、経済学などあらゆる分野の海外留学者が、帰国後にその成果を紹介し、競ってその普及につとめていた時代である。

出口がドイツ滞在中に見聞したワンダーフォーゲルはドイツにおける末期（二〇頁参照）のものであった。

二五年帰国と同時に湯沢三千男（内務省衛生局保健課長）の紹介で、体育家として内務省衛生局保健課の常勤嘱託に採用され、兼務して奨健会の主事に就任した。

出口が内務省に就職したのは、出口がドイツ留学時代に経済援助を得ていたという河本禎助（東大教授、伝染病研究所長、全日本学生スキー連盟の初代会長）の計らいによるものであったようだ。河本と湯沢は、共に東京帝国大学出身のスポーツ愛好家であった。

以後、出口は体育行政の主管官庁の変更とともに文部省、厚生省へと移り、それぞれの体育部署の嘱託として活動し、日本厚生協会や日本山岳連盟の結成事業にも参画していた。

奨健会が一九三三年にワンダーフォーゲル部を組織した当時には、全国的にハイキングが盛んであり、その多くは歩行運動であったようだ。

教授と議員

出口は四九年の新制大学発足と同時に明治大学教授に就任して、新たに必修科目とされた体育科目のうちの講義（体育理論）を担当した。

著書には『世界体育史』などがある。同氏が編纂した『ワンダーフォーゲル常識』が奨健会から出版され、奨健会の支部づくりに伴って全国で広く読まれていたようだ。

四七年に東京都議会議員となり、五六年まで教授と兼務していた。明治大学の学内では「でぐりん」の愛称で呼ばれていた。議員在職中には東京オリンピック招致委員などとして活躍し、スポーツ議員とも呼ばれ東京都の関係者などから親しまれていた。

五八年に『教授と議員』という自叙伝を出版して、ワンダーフォーゲルについて次のように触れている。

思えば私がドイツに留学したのは第一次世界大戦直後のことで、当時の敗戦国ドイツの有様は、丁度我が国のそれと同じく、インフレの激浪と賠償の重圧によって、国民生活は極度にみじめな状態に陥っていたが、こうした中で粗末な黒いパンとマーガリンに飢をしのぎながらも、学生は学業に励み、彼らは時折のワンデルンを通じて青春を謳歌していたのである。

この状況を眼の辺りに見、自分もドイツ青年とワンデルンを幾度か重ねつつ、その精神の一端に触れた時、戦勝国民の一員であった私も、国土を愛し正しい意味で祖国を認識する精神運動と、自然の中に健康を求める体育運動のマッチした「渡り鳥」運動に共鳴し、その精神を日本に帰ったら広く伝えたいと願ったのである。

歩行奨励運動

出口は、奨健会ワンダーフォーゲル部を設立する以前から奨健会の歩行行事を主宰しており、その行事の大半に指導者として参加していた。その回数は一三年間の在任中に実に二五〇回に上るという大活躍であった。

同会の事務所が文部省体育課のなかに置かれていたので、「文部省の奨健会」と呼ばれることもあったようだ。

3　現代ワンダーフォーゲルのはじまり

一九四五（昭和二〇）年に、三年八カ月に及んだ太平洋戦争が終結した。

勤労者を対象としていた奨健会は復活しなかったが、大学生たちは復活に向って動き始めた。

新生の大学ワンダーフォーゲル部の誕生であった。最初に復活した明治大学ワンダーフォーゲル部結成の直後に、新制大学が発足し、体育が必修化されて、体育の新種目としてのワンダーフォーゲルが部活動として公認され、部活動としての足場を固めてゆくのである（巻末表1参照）。

戦前に設立されていた三つの大学ワンダーフォーゲル部の復興の後に、教育改革によって新制大学が発足し、続いて全国の大学にワンダーフォーゲル部設立の波が広がっていった（巻末表2参照）。

明治大学ワンダーフォーゲル部の復活

戦後に一早く再建をとげたのは明治大学ワンダーフォーゲル部であった。

一九四五年、部長・春日井教授の督励によって、早期に戦争の兵役から戻った部員たちが仲間の戦争による生死を確認しながら部の再開に向けて活動を始めたのである。名簿の掘り起しを精力的に行ったのは、大橋莞爾（同三代目委員長）であった。

初年度の部員数三五名での再建であった。

同部は、佐々木不二男（再建初代委員長）、中村輝雄（同主務）、伊藤清（同二代目委員長）、新村貞男（同二代目主務、コーチ）の体制で確実な復活を遂げた。

慶應義塾ワンダーフォーゲル部の復活

一九四六年二月にワンダーフォーゲル部復活第一回目のワンデルングを行った。創部以来通算一五四回目のワンデルングであった。

復員して復学した数名の部員が先輩とも相談の上で、ワンダーフォーゲル部を戦前に引き続き再発足することとした。戦前と同様に文化団体連盟に加入した。

復活の年に会報「ワンダーフォーゲル会報」復刊第

一号を発行した。後に「ふみあと」と改名して現在まで発行が続いている。

年間の行事企画数は四六年に一五回、五一年には二二回となっていた。

立教大学ワンダーフォーゲル部の復活

一九四八年春に、太平洋戦争終結直前の春に入学した数名が発起人となり、部員を募集してワンダーフォーゲル同好会としてスタートした。

同年七月に第一回のOBとの懇談会が行われ、戦前の部員とのつながりができた。同年九月に学生ワンダーフォーゲル連盟の復活と同時にこれに加盟した。

四九年春に、同好会から文化会の登録団体となった。同年に部誌「いろり火」が発行された。関東の学生ワンダーフォーゲル連盟による合同ワンデルングに参加して、情報交換と部員間の交流を図っていた。

4　新制大学の発足

旧制大学と学生登山文化

戦前から続いていた「学生登山」は、戦後の学校制度の根本的な変更により、数年後には実質的に消滅したものと考えられる。

旧制高等学校の入学定員は、官立大学の入学定員とほぼ見合っており、原則として大学に入学できたので高等学校で行った山岳部活動を連続して行うことが十分に可能であったが、新教育制度においては、大学入学のための受験競争が激しくなり高等学校からの連続活動はほぼ絶えてしまった。

また、教育の大衆化が重点とされ新設の私立大学が急増した。これらの事情から、戦前の学生登山という文化は断絶したとみることができる。

太平洋戦争終結後は、登山を愛好する多数の学生がワンダーフォーゲル部に入部して、戦前にはなかった登山活動を行うようになった。

戦後改革

一九四五年八月の終戦によってわが国は連合国軍の占領下におかれ、以後七年間は国政がすべて占領行政のもとにあった。

連合国の占領政策の重点は、①武装解除、②軍国主義の排除、③工業生産力の破壊、④中心勢力の解体（内務省、警察、財閥など）、⑤民主化（日本の歴史的、民族的な思想や教育を排除してアメリカ的に民主化する）、というものであった。

この諸改革のなかで特に重視されていたのは教育改革であり、従来の国民の思想や生活を改変することであった。指令「日本教育制度に対する管理政策」に基づき、四七年に教育基本法ならびに学校教育法が公布され教育制度度大改革が実施された。六・三・三・四制の始まりである。

まず新制中学校ならびに新制高等学校が発足し、続いて四八年から一九四九年にかけて新制大学の運営が始まった。

教育制度の変更の衝撃の大きさは次の文部科学省『学制百年史』の記述に現れている。

この間に急速に実施された教育改革は戦時下の教育の後を受けた特殊な方策によるものであって、常時の教育改革と同様にみることはできない。明治五年学制発布以来の以来の大きな改革となった。

中学校、高等学校が単線の学校制度となった。旧制の中学校制度は中学校、高等女学校、実業学校の三つの種別がある複線型制度だった。

高等教育も旧制では大学、大学予科、高等学校、専門学校、高等師範学校、女子高等師範学校、師範学校、青年師範学校があったが、新制度ではこれらを単一の四年制大学に単線化した。旧制大学は三年制であったが、大学予科と高等学校とを前期教育機関としていたので、これを連結すると五年または六年の課程をもつ高等教育機関であった。

このような前期課程をもつ旧制大学が、単なる四年制の新制大学になったことで、新制大学は高等教育の学校体系としては一段下がって旧制の高等専門学校と同格になったという見方もある。エリート教育が壊滅したといわれる所以の一つである。

新制大学の発足

新しい大学制度は、教育の大衆化を進めることが眼目であった。

在来のエリート育成制度は高度に中央集権化された教育制度であったとして、全国の各都道府県に国立大学を置いて教育の地方分権化を図ると同時に、教育の機会均等をはかる単線型とした。欧州などでは今日でも複線型教育体系が続いている。

旧制高等学校の制度は選抜された学生の全員が寮生活をしながら学びかつ人格を陶冶《とうや》するというものであったが、戦後の変革によってこのエリート養成のシステムが根本から破壊されてしまった。

新制度では男女共学が基本とされた。旧制度では小学校2年生までを男女共学として、三年生以降は教科内容や教科書は別のものという形の男女別学体系であった。

旧制高等学校は男子で占められており、女子の場合は小学校を卒業後に高等女学校において旧制中学校と類似の中等教育が行われていたのである。

女子教育振興のために、国立女子大学を東西二カ所に設置することとした。お茶の水女子大学と奈良女子大学である。

戦前の四〇年当時の高等教育への進学率（高等学校、専門学校・実業専門学校、高等師範学校など）は、中等教育卒業者のうちの男子五・四%、女子〇・六%であった。高等教育を受ける者は、ごく少数だったのである。

戦前と戦後の進学率を連続性のうえでみることはできなくなったが、戦後は義務教育（新制中学まで）の卒業生のうち新制高等学校への進学率は格段の上昇をみせた。

五四年には男子五五・一%、女子四六・五%であったが、六九年には男女ともに八一・六%へと上昇した。二〇一一年には男女ともに九六%を超えている。

大学（学部）への進学率は表7のような上昇をみせており、女子の上昇ぶりに注目したい。

大学の学校数ならびに学生数の推移は、表5および表6に示すとおりである。いずれの数値も、戦後には各段の増加がみられる。

私立大学が、教育大衆化に多くの務めを果たしたとみることができる。

戦後の昭和時代の後半に推進された教育の大衆化は、続く平成時代に入ってからさらに進行した。表7にみられるように進学率が格段の上昇をみせており、教育制度に多くの問題をはらみながらも、改革は遅々として進んでいないように見受けられる。

表5 大学の数（校）

西暦	年号	合計	国立	公立	私立
1940	昭15	47	19	2	26
1950	昭25	201	70	26	105
1960	昭35	245	72	33	140
1970	昭45	382	75	33	274
1980	昭55	446	93	34	319
1990	平2	507	96	39	372
2000	平12	649	99	72	478
2010	平22	778	86	95	597
2014	平26	781	86	92	603

文部省「文部省年報」および文部科学省「学校基本調査」により作成.

表6 大学生の数

西暦	年号	合計（千人）	国立（千人）	公立（千人）	私立（千人）	私立割合（%）	女子割合（%）
1940	昭15	82					
1950	昭25	225	80	8	136	60.6	7.7
1960	昭35	626	194	29	404	64.4	13.7
1970	昭45	1,407	310	50	1,047	74.4	18.0
1980	昭55	1,835	407	52	1,377	75.0	22.1
1990	平2	2,133	519	64	1,551	72.2	27.4
2000	平12	2,740	624	107	2,009	73.3	36.2
2010	平22	2,887	625	143	2,120	73.4	41.4
2014	平26	2,855	612	148	2,095	73.4	42.7

文部省「文部省年報」および文部科学省「学校基本調査」より作成.
1945年までは，高等師範学校を含む.

表7 大学（学部）への進学率（%）

西暦	年号	合計	男	女
1954	昭29	7.9	13.3	2.4
1960	昭35	8.2	13.7	2.5
1970	昭45	17.1	27.3	6.5
1980	昭55	26.1	39.3	12.3
1990	平2	24.6	33.4	15.2
2000	平12	39.7	47.5	31.5
2010	平22	50.9	56.4	45.2
2014	平26	51.5	55.9	47.0

文部科学省「学校基本調査」により作成.

旧制大学と学生登山の消滅

戦前の「学生登山」といえば旧制の大学・高等学

校・高等専門学校などの学生による趣味として行われ、ごく少数の富裕階層に属する人たちのものであったが、学校制度の根本的な変更の結果、その数年後には実質的に消滅した。

　戦前の帝国大学令においては、大学の性格を「国家ニ須要ナル学術ノ理論及応用ヲ教授シ並其ノ蘊奥ヲ攻究スルヲ以テ目的トシ兼テ人格ノ陶冶及国家思想ノ涵養ニ留意スヘキモノトス」と規定していた。

　戦後の新制大学の目的は、学校教育法において「学術の中心として、広く知識を授けるとともに、深く専門の学芸を教授研究し、知的、道徳的及び応用的能力を展開させることを目的とす」と変更され、国家という言葉が消えた。

　初等教育においてもほぼ同様に改められて、自由、平等を基本とした教育が国民に浸透したが、国家や共同体のためのエリート意識は消滅させられた。旧体制の清算という占領政策に基づくものであった。

　また、新しい教育制度において新興の私立大学が急激に増加した。これらの事情から、戦前の学生登山を基としてその変化を戦後に探し求めることは不可能となった。

　戦前の学生たちの諸活動の根底には仲間意識が強く、技術の伝承や固有の気風などの伝統を維持する行動に誇りを持っていた。

　旧学校制度における旅行部や山岳部は、少数のエリートが共有する固有の学生文化でもあったが、改革後の新制度は教育の大衆化を目的としてきたために、学生登山は本質的に変化してしまったのである。

社会教育法とレクレーションの普及

　戦後の国際連合軍の占領政策は中央集権を廃し全国の平等化や地方分権を強調した。この政策の一環として、一九四九年に「社会教育法」が施行された。この法律において「社会教育とは学校の教育課程として行われる教育活動を除き、主として青少年及び成人に対して行われる組織的な教育活動（体育及びレクレーション活動を含む。）をいう。」とされた(巻末表1参照)。

　この法律に基づいて設置されたのが全国市町村の教育委員会である。文部省はアメリカ流のレクレーション活動の普及に力を注ぎ、特にキャンプを重点種目としていた。

五一年に日本ユース・ホステル協会が発足した。それ以来の同協会主催のサイクリングやキャンプ行事には、各地の教育委員会が共催するなどの援助を行っていた。

教育委員会が主催する野外活動の種目には、サイクリング、キャンプ、ハイキング、ワンダーフォーゲルなどが多くみられた。

以上のような様々な青少年育成の活動が普及するにつれて、わが国にレクレーションという概念が次第に定着し始めた。

初期にワンダーフォーゲル部を設立した大学において、体育会への加入が難航したのも、あるいは山岳部関係者がワンダーフォーゲル部を忌避していたのも、その当時には「レクレーション」が未だ理解されていなかったための現象だったのである。

5　大学の体育が必修化された

新制大学の発足と同時に、体育理論（講義）と体育実技が、大学教育において初めて必修課目とされた。

戦前は旧制高等学校までの必修制度であった。

ＧＨＱの指示を受けて、栄養・公衆衛生ならびに体育・レクレーションに関する教育を高等教育段階まで延長したものである。

一九四九年九月に体育実技の運営方法などについて研究する目的で、慶應義塾大学・体育部の呼びかけによって旧制総合九大学体育研究会が発足した。この研究会は、東京六大学（東京、慶應義塾、早稲田、明治、法政、立教）のほかに、日本、中央、専修が加わった（「明治大学正課体育の歴史」より）。

都市部で多数の学生を擁する私立大学は施設、用具、教員の不足などを補うために体育実技の運用について種々の臨時措置を講じ、ワンダーフォーゲルも正式課目として扱われた。

単位授与のために実施されたのは次の二つの方法で

あった。

（一）委託部員制度：体育会に加入している各部の正部員に対して、部長ならびに監督が実技を習得したことの証明をもって大学が単位を認定するというものであった。

（二）認定正課の設定：課外活動のうちの一定の種目を体育実技の正課（正規の教育課程）と認定して参加者に単位を与えることができる制度を設けた。体育会所属の部が行う野球大会、運動会、ハイキング、ワンダーフォーゲル、スキー、山岳実習などの臨時コースを大学当局が正課と認定し、参加者に単位を与えるものである。後年には国立大学においてもワンダーフォーゲルや野外コースといった企画が体育正課の一コースになり、活動状況が学年末に体育正課の得点の一部として加算されることになった。

明治大学の場合、体育実技の一単位は、履修時間の総計を四五時間とする計算方式であった。ワンダーフォーゲルコースに参加することによって単位として認定されたのは、五泊六日の野外実習を三〇時間（一日の活動時間を六時間）として扱い、教室内での講義（体育理論など）一五時間とを合計して一単位として計算されたのである。

体育会所属の各部からリーダークラスの部員を講師として委嘱する必要が生じた。

明治大学、慶應義塾、中央大学などにおいては、ワンダーフォーゲル部員や山岳部員が登山やキャンプに関する臨時コースの企画、運営、指導などを引き受け、あるいはリーダークラスの部員を大学教員の指導助手やコーチとして派遣することが行われていた。

コースの指導を引き受けたワンダーフォーゲル部に対して大学側から協力金が支払われ、部の装備強化が進んだという。

慶應義塾大学における一九四九年の正課体育の実技指導は、体育会加盟の山岳部、スキー部、ハイキング部ほか指定二七部門にわたって実施された。各部の先輩が指導責任者として依頼され、その助手として指定各部の上級生徒選手が援助した。

夏に行われた実習コースには一〇〇名から二〇〇名の参加があり、テントの借用調達に各部とも苦労した。ファイアーを囲むキャンプと集中登山は人気を呼び、入部希望者が急増した。

明治大学ワンダーフォーゲル部長であった春日井は、回顧録で次のように説明している。


教育の新制度となり、一九四九年に新制大学が起こされるや体育が必修科目として置かれ、その実技も一か年六〇時間を実習すべしとされた。

実際大都会の大学では数万の学生に体育実技を強制することは施設・時間の関係からほとんど不可能なので、本学においても体育会各部の正部員は大学から部への委託学生として、その部長監督の証明に依って実技の正課は免除することにした。

ここに俄然ワンダーフォーゲル部の重要性を増し、そのリーダーは実技の指導助手の努めを果たすことになり、部員も一挙に激増するに至った。

（『三十年のあゆみ』より）


六一年頃から、多くの大学においてワンダーフォーゲル部の部員数が激増して、「大世帯化」とか「大量部員時代」と呼ばれる時期があった。

この大世帯化現象は一〇年ほど続いた。日本経済の高度成長時代によって起こった、登山やレジャーが大流行した時代の影響を受けたものでもあった。

このようなワンダーフォーゲル部の部員数の増加によって、部の運営方法などは大きく変質したが、まさに学制改革がわが国の大学ワンダーフォーゲルを大発展させた契機となったのである。

大学の体育の必修制度は九一年に選択制度に変更され、体育系大学以外の大学では必修制とする大学が半減したが、二〇〇五年度あたりから再び必修課目に格上げする大学が増加している模様である。

6　新種目として公認されるまで

大学の正規の教育課程は正課と呼ばれている。正課の他に実施される教育活動は、課外（教育課程外）とされている。

課外活動には、運動系（体育会、運動会など）と文化系（文化会、文化部など）とに分けられている。

なお現在は、このほかに公認サークル制度（組織化されていない同好会などの活動を認可する）を実施している大学も多いようだ。

ワンダーフォーゲル部は、前例がない部として新設された新種目であるために、まず学内において課外活動として認可を受ける必要があった。部室を確保し、装備新設に充てる活動費を獲得してゆく道程を経なければならなかった。

最初は同好会などとして発足して、初期に創部したそれぞれのワンダーフォーゲル部が、大学側の団体加入承認を取り付けるまでの、発起人や初期の部員たちの活躍はまことにめざましいものがあったのである。

同好会は組織体ではないので、部に昇格を認められて体育会に正式加入するためには、多くの場合次のような審査基準を満たす必要があった。

二年間ないし三年間の活動実績があること、学内に同じ活動をするサークルや部がないこと、日常訓練などで体育会としてふさわしい活動を行っていること、などである。

当時はこれらの他に、次のような難題を解決していかなければならなかった。

学校当局側の認識を深めるために、有力な教授に部長就任を依頼すること、加入申請を審議する体育会の代議員などに対して新種目・新規サークルとしての目的と活動内容の説明を行うこと、類似・先行の山岳部との相違に関する説明を行うこと、実績の積み上げと活動実績の広報を行うこと、その他学内関係者への加入のためのアピールを行うことなどなどであった。

加入申請を行っても、認可されない場合もあった。

競技種目でない登山クラブの悩み

山岳部もワンダーフォーゲル部も競技ルールがない種目である。校友会や体育会における加入承認のための条件は、従来から一種目につき一団体とされてきた。

登山には競技規則がないために、両者が登山スタイルなどの違いを主張すると第三者としては判別が難しくなる。戦前に山岳部からスキー部が分化し独立した事例では、明確な判別ができた。ワンダーフォーゲル部はこれが難しい。これと同様に、分化して周囲から認知を得るための困難は、歴史のうえではたくさんみられた現象である。

体育会加入へ反対された理由

なぜ体育会への加入は反対されたのだろうか。拒まれた理由は、次の三つであったとみられる。

一つ目は、ワンダーフォーゲル部の活動実績が少なく、学内周辺や世間においても目的や活動内容が認知されていなかったことから起きた、加入への不同意であった。

二つ目は、既存の体育会を構成する部が競技種目として他大学との定期戦や対抗試合で好成績を目指し校威の発揚を図ることを目標としていたために、競技種目ではないワンダーフォーゲルという新参者には活動予算を配分する必要はないとの見地からの反対である。

例えば国立大学の場合、対抗試合には全国七大学総合体育大会（七大戦）、北陸国立大学対抗戦、六大学野球などなどがあった。大阪外国語大学の体育会は一九五九年当時、東外戦（東京外国語大学との対抗戦）に出場する九部のみが議決権をもっており、同好会はオブザーバーでしかなかった。

三つ目は、先輩格の山岳部の存在があげられる。部員数が多いワンダーフォーゲル部に対する、対抗意識であった。

競技部ではない異例の部をさらに増加させる積極的な理由は見当たらないという理由を掲げた強硬な反対意見が、山岳部ならびに山岳部と友好的であった部などから出されていた。

旧制大学や旧制高等学校などの山岳部から新制大学の山岳部に変わった大学においては、この傾向が強かったものとみられる。

これらの背景には、旧来の「体錬」や「競技」という概念が支配していた体育会のなかに、「レクレーション」として普及し始めた新しい種目を加えることへの抵抗があったのである。

戦後の教育制度の改革によって生まれた「レクレーション」を理解する者が未だ非常に少なかった時代の社会現象のひとつであった。

余談であるが、『一高旅行部五十』には、一高山岳会は一九一三（大正二）年に発足して校友会に加入するにあたり、通りをよくするために「旅行部」と改名して加入運動を開始した。加入反対で一番強硬だったのは最多額の部費を食うボート部であった、という旨が記されている。

お茶の水女子大学の部誌にも、次のような記述がある。

> 運動部に入って予算を獲得するために孤軍奮闘した。新設ワンダーフォーゲルサークルに予算を食われる、といって既存の部が結束していた。他の部は全部、体育科の学生で結束していた。

最初の公認ワンダーフォーゲル部

わが国で初めての公認ワンダーフォーゲル部として体育会に加入したのは、明治大学ワンダーフォーゲル部であった。

すでに先発の山岳部が活躍していたが、山岳部長を務めたことがある春日井ワンダーフォーゲル部長の尽力があって、一九四六年に体育連合会結成と同時に正式に加入した。新制大学発足直前の快挙であった。大学ワンダーフォーゲルの歴史のうえに、画期的な第一歩を印したのである。

この後に創部した中央大学、早稲田大学、法政大学、もこの前例にならって体育会への加入を認められた。

東京大学ワンダーフォーゲル部は、加入申請を行ってから五年目にようやく全学運動会への加入を承認された。ワンダーフォーゲル部長に就任した大内 力教授の力添えがあったといわれている。

ワンダーフォーゲル部の認知を得るための活動として、大学祭に参加して公開ワンダリングや写真展、仮装行列などを開催し、部活動の宣伝を企画した大学が多数見受けられた。

明治大学では五三年から六〇年までの間、ワンダーフォーゲル部が学園祭に参加してその行事の一環として公開ワンダリングを行っていた。

文化会に所属していたワンダーフォーゲル部は、慶應義塾大学（文化団体連盟）、立教大学（文化団体）、津田塾大学（文化局）、女子美術大学（文化部）、東京薬科大学（文化局）、東京工業大学（文化局）、関東学院大学（文化部連合会）、天理大学（文化局）、日本女子大学（文化会）などであり、全体からみると少数であった。

体育系に加入申請したが、すでに山岳部があるとの理由で認められなかった例もあったようだ。

また、運動部に加入を希望したが認められず、苦労の末に文化部に加入して後に運動部所属となった部もあった。

京都大学ワンダーフォーゲル部はいずれにも非加入のまま、学内の活動を公認されていた。横浜国立大学は、体育系サークルとして発足したが二年後に文化系サークルに転属した。

明治大学ワンダーフォーゲル部が公認されて、体育連合会に山岳部と並列して加入することができたのは、春日井部長のかねてからの構想に基づく強力な支援であったと考えられる。

春日井は英国留学時代に英国のハイキングを体験しており、帰国直後の一九二八年からゼミの学生を率いて駿台歩こう会を続けながら、三二年から二年にわたって明治大学山岳部長を務め、三六年に駿台歩こう会を改組してワンダーフォーゲル部を創設した。

同部は、戦前の駿台あるこう会当時から、山岳部とは別に独自に山小屋を建設するための資金の積み立てを行っていた。春日井は、挑戦や冒険を趣旨とする山岳部とは異なった路線の新しい登山サークルの育成を構想して歩を進めていたものとみられる。

実は、春日井が駿台歩こう会を発足させた直後の三〇年ころからアルピズムの終焉がいわれており、社会人の山の集団が続々と結成され、ハイキングが大流行し始めていたのである。

戦時中に山岳部、ワンダーフォーゲル部、ボーイスカウトなどが合体させられて行軍強歩部となったときの部長には、学内において学問の自由を標榜する春日井ワンダーフォーゲル部長が就任していた。

明治大学ワンダーフォーゲル部の特色は、ゼミナールの教授が部の創設発起人であり、以後も同教授が積極的な指導を継続してわが国の大学課外活動における体育系新種目としての先駆をつとめ続けたことである。

7　ワンダーフォーゲルの父・春日井 薫

明治大学の春日井教授は、大学ワンダーフォーゲルの開祖であり、育ての親であった。

春日井のワンダーフォーゲルに関する先駆者としての足跡は、ほぼそのままに、わが国の大学ワンダーフォーゲルの歴史としてみることができる。

春日井《かすがい》 薫《かおる》（一九〇〇～一九八一）は、愛知県に生まれ明治大学商科を卒業、同時に講師、翌年に助教授となった。母校の給費留学生として、シカゴ大学大学院、コロンビア大学大学院を経た後に英国ケンブリッジ大学に二年間留学して帰国した。二六年に母校の助教授となり、二八年に教授（金融論）となって演習室（後のゼミナール）を開設した経済学者であり、同年に駿台あるこう会を開始した。

春日井 薫氏

昭和 50 年，喜寿・金婚式の祝賀会にて．春日井 弘氏提供．

演習室の開設は、同教授が学生の自発的な切磋琢磨を期待したもので、後に大学のゼミナールという制度として公認されたが、当時は他の大学でもあまり例がなかった。

新進気鋭の教授として学内においての活躍が期待され、ケンブリッジで体験したカレッジライフ（個人教授制など）の理念を母校にも導入したいという意欲に燃えていたのである。

留学から帰国後一〇年の間に、ゼミの開始・育成、駿台あるこう会の開始、ラグビー部長、山岳部長、ゴルフ部の設立などと大活躍をみせていた。

当時は、わが国にはまだ私立大学が少ない時代であり、私立大学関係者の間には国立大学に負けまいとする私学興隆の雰囲気が強い時代であった。

生来、春日井は山の愛好家であり、英国留学中も毎日曜日に近郊を歩きまわっていた。

スポーツの愛好家であり、文武両道を学生に説いて、学内のスポーツの奨励にも尽力した。

一九三〇年に明治大学ゴルフ部初代部長、その後部長や監督として学生の指導に当たった。三三に年相模カンツリークラブ理事に就任、晩年までゴルフ界の発展に携わり、日本学生ゴルフ連盟会長も務めていた。

四九年に新制大学発足と同時に商学部長となり、続いて学長、体育会長、大学院長、大学総長を歴任し、名誉教授を務めた。

戦前の功績

春日井の功績を列挙してみよう。駿台あるこう会の主宰継続（八年間）、山岳部長（二年間）、ワンダーフォーゲル部創設（駿台あるこう会を改組改名したものであった）、山小屋建設資金の積立開始、などである。

駿台あるこう会をワンダーフォーゲル部として組織化したのは、山岳部長を務めてから二年後のことであった。体育会のなかに既存の山岳部からの派生としてワンダーフォーゲル部を加入させることは、すでに構想のなかにあったのではないだろうか。

日本の登山史における新しい思潮の推進活動であることを熟知したうえでの、ワンダーフォーゲル部の設立であったと考えてよいだろう。

次のような記録が残されている。

ワンダーフォーゲルは〝洋傘をさして行ける限りの行動をとる〟と私はいつも洋傘を持って歩いた。……やはり山岳部との別はこの辺の処に具体的な一線が引かるべきではあるまいかと信じて居る。

（『三十年のあゆみ』より）

春日井との会食が定例的に行われていた。

ワンダーフォーゲル部創設第一回のワンデルング（一九三六年）以降、毎週一回必ず学校近くの安食堂で先生と会食することとなり、此処でワンデルングの計画や反省、学校の勉強、先生の人生観などを拝聴する機会を得た。この会談がどんなに楽しかったか、今でも心温まる想い出となっている。ワンダーフォーゲル部二代目監督になったのも、先生の御推挙に依った。

（松本新四郎『千紫万紅』より）

戦時中も護られたともしび

春日井は、戦時中に山岳部と統合させられた行軍山岳部の部長を務め、それぞれ部活動を護り続けた。戦時中の勤労動員に際しても、学生の動員先に赴き講義を続けると共に学生との交流活動を続けた。戦地に赴いた学生には他の部員の動静などを伝えて激励の手紙を送り続けていた。ワンダーフォーゲル部の燈し火を燃やし続けたのである。

太平洋戦争当時の部活動状況を、同教授の回顧録から紹介しよう。

このワンダーフォーゲル運動の明朗と友愛の精神にも時々危機が訪れた。一つは戦時中の軍事色一色に塗りつぶされた時代で、部は山岳部とボーイスカウトと併合させられて行軍強歩部となった時代である。軍人の干渉は激しかったが私が部長として軍事教練の別動隊となることはどうやら防ぎ止めた。

今一つは内部から来た。一部に高山を、険阻な山をという動きが出て、山岳部と同じではないかと見られる傾向もあった。

（『三十年のあゆみ』より）

また、太平洋戦争が始まった当時のワンダーフォーゲル部の状況が、同教授の「ワンダーフォーゲル回顧録」に次のように紹介されている。

やがて、残った学生も昭和一八年には遂に全員が軍需工場へ学徒動員をされるに至った。

然しこの間にも動員先の工場休日にはその土地土地で適所を求めてワンデルングを行い、或いは吟行会として帰寮後その日の作歌作句の披露会などを楽しんだ。

それだから、体育会の多くの部が戦時中に一時中絶し、或いは終戦後に中絶の厄に遭ったものも少なくなかったが、我が部だけはその命脈を力強く持ちつづけたのは誇りとするに足るものと信ずる。

（『三十年のあゆみ』より）

次に、春日井が戦時中も部員を励まし続けていた模様を示す学生の記録を紹介しよう。

そのころ、私は、北支那の保定幹部候補生隊の士官教育を終えて、空中戦の激しかったラバウル戦線に在った。

昭和十八年のはじめごろと記憶しているが、内地の春日井先生から二、三度ハガキのお便りを頂いたことがある。そのお便りには、きまってWV仲間の消息が書かれてあった。こんな内容である。私の安否を気づかわれたあとに続いて「A君は、航空隊で元気やっている。B君は、甲種幹部候補生の試験に合格した。C君は、負傷してどこそこの陸軍病院にいる。D君は、故郷のご両親に問い合わせても居場所がつかめない。いま、所々に連絡して探しているところだ。E君は、かわいそうに南方で戦死した。合掌」と。わたくしは、戦場にいて、先生の心づかいの有難さをしみじみ感じたものである。

（大島義郎『千紫万紅』より）

これらのように春日井が戦時中も守り続けたワンダーフォーゲルの灯火は、戦後の大学ワンダーフォーゲル発展のかがり火となって大きく燃え上がってゆくのである。

戦後の大発展を先導

戦後早々に、明治大学ワンダーフォーゲル部が先陣として部活動を復活することができたのも、春日井の督励によるものであった。

春日井の戦後の功績を並べてみる。これらは現代の大学ワンダーフォーゲルの歴史そのものである。

ワンダーフォーゲル部の復活（大学初）
体育連合会への所属（大学初）
授業の正課として認定した（大学初）

ユース・ホステルとの合併を退けた（指導）

山小屋建設（大学初）、大学も資金を拠出（大学初）

春日井は、通算四〇年にわたって大学生のワンダーフォーゲル部の育成に携わり続けたワンダーフォーゲルの開祖であり、育ての親であった。

部員に対しては終始一貫して「友愛と協同に依って力強く結びあわん」を理念として接し、明治大学を中軸とする関東地区の大学ワンダーフォーゲル部の重鎮としての存在を示し続けた。享年八一であった。

著書には『貨幣及金融原理』他多数がある。明治大学ワンダーフォーゲル部ＯＢ会の機関誌は、春日井薫の名前を戴いて「薫風」として今日まで定期発行が続けられている。また同教授の教え子の会「春風会」がある。

一九八三年には、多数の教え子たちによって、『千紫万紅』春日井 薫先生追想録が刊行された。

『千紫万紅』に元明治大学総長・小島 憲（一八九三〜一九八七）が掲げた文章からその一部を紹介しよう。

明大の春日井といわれるまでになった君の歩みは、大正末期に大学から派遣されて欧米に学び、当代一級のマーシャルその他の高い学風に直接触れて……貨幣金融論学者としての地歩を築いたことにあります。その後の幾多の学問的業績を踏まえての君の活躍は、明大の看板となった商学部の全盛時代をつくり、それが私学としての明大の地位を確たるものにし……、これが君の最も大きな功績であります。

学問研究のみでなく、君は博覧強記，多才な人でもありました。殊にスポーツ面での君の活躍は素晴らしいものでした。君のゴルフ歴は、まさに我が国近代ゴルフ史の一頁をも飾るものですが、その後ゴルフを大学スポーツに取り入れたのも、君らしい斬新な発想でした。また七十年余の伝統と優れた人材を輩出した競走部をはじめ、体育各部の育ての人ともいえる君の活躍ぶりを忘れることが出来ません。

episode 2

春日井教授と出口主事と明大人たち

春日井《かすがい》 薫《かおる》教授と出口林次郎主事とは、共に一九二一年に明治大学を卒業した同窓生であり、春日井は商科出身の、出口は英法科出身の卒業生であった。

ワンダーフォーゲル活動に対する両者の姿勢は明らかに異なるものがあり対照的である。

春日井が教育者として始めた駿台あるこう会は、世間のリーダーとなるべき大学生の人格形成と保健を目的としたグループ活動であり、主義や主張を掲げて活動するような社会的な運動ではなかった。

春日井は、私立大学としての自主・独立の信念を堅持していた新進気鋭の教授であり、私立大学として認可された直後の私学振興に使命感を抱き、母校の興隆に大きく貢献した教育者であった。

一方の出口は、体育家として活動していた。国がすすめていた、国民の体力増強を目的とする勤労者（社会人）の体育や団体歩行運動を推進する立場において、体育奨励団体として設立された財団法人・奨健会の主事として活躍した。

春日井は私立の大学人として、自主独立の見地から、国が行う青少年育成等に関する活動との間には明確に一線を画しており、出口が主導していた全日本学生ワンダーフォーゲル連盟の活動には消極的であったようだ。

出口も、春日井が指導する明治大学ワンダーフォーゲル部の運営に関与することはなかったようである。

春日井は出口を、明治大学ワンダーフォーゲル部の創設以来、同部の顧問として処遇していた。

部員OBのバックル番号一番は創設者・部長の春日井であるが、二番は野田孝明（法学部教授）、三番には出口、四番に師尾源蔵となっている。春日井教授の風格をみる思いがする。

ワンダーフォーゲル部設立の勧誘

出口の使者として春日井に対してワンダーフォーゲル部の設立を熱心に薦めたのは、明治大学の校友として活躍していた師尾源蔵であった。

大学ワンダーフォーゲル部の活動の歴史を顧みれば、出口がワンダーフォーゲル普及活動の一環として、春日井に対して明治大学駿台あるこう会をワンダーフォーゲル部に組織がえするように勧誘したことが、戦後の大学ワンダーフォーゲルの大発展の切っ掛けとなったのである。

春日井は、明治大学の興隆を担う商学部長として、同じく期待を担っていた法学部長の野田と共に、戦後の私立大学振興の雄として、一致協力して活躍した教育者であった。

大学のワンダーフォーゲル部は、戦後の明治大学ワンダーフォーゲル部の復活が原動力となって、慶應義塾大学と立教大学が部を復活し、中央大学が部を創設して以降、瞬く間に草創期から大発展期に向ったのである。

出口が活躍していた勤労者の歩行運動としてのワンダーフォーゲル部は、終戦後に復活することはなかった。

奨健会を支援した師尾源蔵

師尾《もろお》は新潟県の出身で、明治大学では春日井の三年後輩にあたり、体育講師、体育評論家などとして活躍するかたわらで、奨健会ワンダーフォーゲル部の支部作りの業務を支援していた、熱血漢として知られていた。

明治大学に在学中の一九二一（大正一〇）年に師尾が主唱して大学における最初の射撃部を創設し、二四年には師尾らの尽力で学生射撃連盟が結成された。

この結成により、移入スポーツであったライフル射撃競技のわが国におけるスポーツとしての基盤が創られたといわれている。現在の日本ライフル射撃協会の前身となった。師尾は、その後に社団法人日本ライフル射撃協会の名誉会長に就任した（明治大学射撃部略史より）。

一九三六年に奨健会の支部・新潟県ワンダーフォーゲルの設立に際しても、師尾が尽力したものと思われる。

不撓不屈の鈴木善次郎

明治大学ワンダーフォーゲル部の監督であった鈴木善次郎（一九二一〜一九九八）は、同大学ワンダーフォーゲル部OBであり、通算三六年間にわたって春日井ワンダーフォーゲルの理想を推進し、多数の部員が集中したワンダーフォーゲル部の組織化を成し遂げた功労者であった。

明治大学ワンダーフォーゲル部のなかに、今日にいたる不動の伝統を築き上げた人物であった。

監督に在任した五七（昭和三二）年以来、部員などから鈴木に捧げられていた愛称は、同じ時期に活躍していたラグビー部・島岡監督と共に「おやじさん」であり、四大合ワンに参加した他大学の部員からは「善ちゃん」と親しみを込めて呼ばれていた。

鈴木は監督に就任した年にリーダー養成合宿を創設して年間活動のなかの定例合宿として定着させた。

また、ワンダーフォーゲル部の「指導要綱」の成文化と運用に尽力して自ら実地指導を行い、永年にわたって他の大学ワンダーフォーゲル部から、活動の鑑とされていた。

五八年に始められた四大合ワン（明治、慶應、中央、日本）は、鈴木が監督を退任する九五年頃まで続けられ、当初から大学ワンダーフォーゲル部の合ワンの見本とされていた。

第二代目の山小屋を建設した折に、鈴木が用地の選定や借用に関して奮迅の活躍を行ったことを紹介する記事が、部誌などに残されている。

情に厚い人であった。学生と共に過ごした一六日間の山荘建設合宿の追想記から引用してみよう。

美しかった。うれしかった。綺麗だった。誰ぞしる。巷間に、大きな声を張り上げて、彼らの努力を知らしたい。

うれし涙が、自然に出て来た。…。つらい時もあったろう。己の人生に何の役に立つかと憎んだこともあろう、人生はもっともっとときたなく、つらく、苦しい。然し肩に荷しての毎日の努力は、後年インテリとして大きく役立つと思う。

（自伝『波爛万丈――ワンダラーのあゆみ』より）

第五章　大発展のあしあと

1　設立が全国に波及

巻末表2【創部の状況一覧】からは、次のような創部の経過を読み取ることができる。

草創期の創部を担ったのは関東の公・私立大学であった(表8)。大発展への先導役をになったのである。

国立大学では最初に東京大学が、公立大学では最初に横浜市立大学が設立した。

二部（夜間部）においても、中央大学、青山学院大学、同志社大学、芝浦工業大学、東洋大学、立正大学が部を設立した。

創部の波は、関東から中部・近畿へと広がっていった。学生ワンダーフォーゲル連盟の結成は、関東における全日本学生ワンダーフォーゲル連盟から始まっている。

私立大学が先行した

戦前において創部していたのは立教大学、慶應義塾、明治大学であった。この三部の復活に続いて、戦後に初めて創部したのは中央大学ワンダーフォーゲル部である。

学制改革によって新制大学が発足すると同時に体育

表8　先行創部した公立・私立大学

西暦	昭和	大学名
1946	21	明治，慶應義塾
1948	23	立教，中央
1949	24	早稲田
1951	26	法政
1953	28	横浜市立，日本（工）
1954	29	東京都立，明治学院，神奈川
1955	30	青山学院（2），学習院，関西学院，成城，中央（2），津田塾，東京経済，東京女子，同志社（2）

筆者の調査により作成．
(2）は二部．

課目が必修化されたため、多数の学生を擁する関東地区の私立大学は、単位の授与方法の一環としてワンダーフォーゲル部などによるキャンプなどを正式課目として取り扱うこととした。

この措置が、ワンダーフォーゲル部が人気を得た最大の原因となった。

国立大学の先陣は東京大学

国立大学のなかでワンダーフォーゲル部創設の先陣を務めたのは東京大学であった（表9）。

国立女子大学における初めて創部はお茶の水女子大学であった。続いて奈良女子大学の設立が続いた。一九四九年に創部した東京芸術大学は、四年後に部を解散した。

国立大学のうちで一九六〇年までに創部したのは、全七二大学のうちで二九の大学であった。

その後、一九七〇年の時点においては七五大学のうち、実に五七大学でワンダーフォーゲル部が活動する時代となっていた。

表9　国立大学における創部の状況

西暦	昭和	大学名
1951	26	**東京**
1954	29	お茶の水女子
1955	30	**北海道**
1956	31	岩手，福井，**京都**，埼玉
1957	32	宇都宮，**東北**，福島，東京工業，横浜国立，奈良女子，広島，兵庫農科
1958	33	新潟，富山，金沢，京都工芸繊維，**名古屋**，**大阪**，神戸
1959	34	大阪外国語，大阪学芸，京都学芸
1960	35	山形，一橋，東京学芸，東京教育，北海道（水産）

筆者の調査により作成．
太字は，前身が旧制帝国大学のもの．

大発展の背景

一九五〇年代には、年ごとに大学ワンダーフォーゲル部を創設する潮流が勢いを増して全国に広がっていった。ワンダーフォーゲル部は年を追うごとに人気が高まり、入部者の増加が続いて行った。

わが国の登山の文化の一部に、新しい分野が醸成されていったのである。

これまでは、登山を希望する大学生は山岳部に入る必要があった。しかし経済的な面または体力的な面において入部をためらい、あるいは入部しても歩調を合わせることができない者が多いといわていたのである。

新たなワンダーフォーゲル部の出現によって、登山を愛好する学生はこれらの制約から開放されることになった。

また、この時代は国の経済が復興するとともに国民がレジャーに開眼した時代に相当する。すなわち、太平洋戦争のために途絶えていたハイキングがほぼ二〇年ぶりに流行した時期であった。

一九五六年に経済企画庁が発表した「経済白書」のなかで使われた「もはや戦後ではない」という文言が流行したのもこの時代だったのである。

大学ワンダーフォーゲルが大発展した背景として次の点を挙げることができるだろう。

（一）新制大学において体育科目が必修となって、ワンダーフォーゲルが体育正課（実技）として採用されたために、登山やキャンプを行う新しい体育種目として広く認識されるようになったこと。

（二）文部省などの青少年育成施策による青少年キャンプの大流行によって全国各地にキャンプ場が開発されてゆき、大規模なキャンプ合宿が可能となったこと。

このような背景と共に、大学ワンダーフォーゲルは隆盛に向かってゆくのである。

2　ワンダーフォーゲル本質論

本質論とは、草創期に関東地区の大学のなかにおいて交わされていた「ワンダーフォーゲル部とは何か」を中心とする議論であった。

課外活動のなかに新しい種目のサークルが参加することに周囲からの大きな抵抗があったため、新規参入勢力としてのワンダーフォーゲル部が広く認知を得るために盛んに語られた「ワンダーフォーゲルと山岳部の違いは」などという内容の議論であった。

山岳部との相違点を主張しようと苦心していたが、

比較の対象とする当時の山岳部は、すでにアルピズム専一の活動では成り立たなくなっていた。

このような背景の第一は、鉄道や登山道や山小屋が急速に発達し、登山用具も普及して、山岳部員でなくても登山ができる時代に入っていたことが挙げられる。

第二には、新制大学制度となってから旧制時代のような技術の伝承が不可能となり、部員が集まらなくなっていたことが挙げられる。

現実にはこのような状況であったにもかかわらず、ワンダーフォーゲル部は一部の山岳部ＯＢたちの旧主的な発言に対抗して、新たな分野を開拓する必要があったのである。

在来から広く言われているように多くの分野において、大衆化の流れにおける階層意識や、少数者から多数者へ、イメージや水準の低下、などに関する既存の愛好者からの反発があることは、大衆化に伴う一般的な現象なのである。

新入部員の勧誘や、学生部などへのワンダーフォーゲル部の設立趣旨と活動内容を説明するために必要な内容であった。山岳部との相違に関する説明は難儀であったようだ。

関西の大学におけ創部の波が起きたのは、関東よりも約五年ほど後のことであり、青少年のレクレーションが普及し始めた時期であったため、関東のような論争はあまりみられなかったようだ。

これは、関東においてはワンダーフォーゲル部が山岳部からの派生とみられたうえに、競技種目ではないという違和感と、予算獲得競争が織りなすわざであったのだが、関西においては新しいレクレーション種目の誕生としてとらえられていたため、あまり抵抗がなかったのだと思われる。

本質論に類する議論が盛んに起きていたワンダーフォーゲル部は、一九五四年あたりまでに創設された明治大学、慶應義塾大学、中央大学、東京大学、横浜市立大学などであり、草創期に生じた歴史的な現象であった。

明治大学における議論

回顧録のなかで、明治大学ワンダーフォーゲル部の

OBの伊藤清は次のように記している。

戦後、学園に帰った部員は、部長春日井先生の激励によって逸早く再建工作を開始して昭和二一（一九四六）年一月に再建第一回ワンデルンを行ったが、部としての体裁が一応整ったのは同年春。爾後、……漸次学内に地位を確立して行ったが、戦時中に行軍山岳部として合同していた関係より、山岳部への合併問題がまず生じ、山岳部は岩と氷を乗り越えてヒマラヤに挑むものであり我が部は山野を跋渉して大自然に親しむものである、と各々の本質的相異を強く主張してこの難を切り抜けたが前途多難、次には体育会の予算問題により部の存否が危ぶまれた。

明けて二二年、……部員は五〇名を数えるに到ったが、予算問題をめぐって部の改廃が再び議題に上り、……試合の有無は部の存否に関係せぬ事を力説することによって解決したものの準技部なるが故に予算は大幅削減され…。

（『三十年のあゆみ』より）

この当時、部を代表する委員諸氏や草創期に創部した部員諸氏は、テントのなかでもこのような議論を戦わせていたという。

その後に、体育連合会のなかでワンダーフォーゲル部が認知されてその存在を誇示し始めたのは、五〇年にワンダーフォーゲルが体育実技の正課の一つに認定されて、教育課程としての監督制度が実施されてから後のことであったようだ。

東京大学の本質論

一九六一年に、東京大学ワンダーフォーゲル部は、周囲の認知を得るために、『東京大学 ワンダーフォーゲル部紹介――私達の活動を理解して頂くために――』という二七頁の冊子を作成して配布した。

冊子では一二頁にわたって創部以来の活動が詳細に説明されており、運動会加入への意気込みがわかる。同部は、この冊子を発行・配布した年に、運動会への加入を果たしたのだった。

「千部くらい作って配布した。しばらくの間、この

東京大学ＷＶ部紹介

冊子の内容が連盟を通じて、他の大学ワンダーフォーゲル部の教科書になっていたようだ」という（ＯＢ・岡崎一夫談）。

当時の「本質論」の総括資料でもあったようだ。この冊子に、「ワンダーフォーゲル運動とスポーツアルピニズム」と題して次の一文が収められている。

　調和的態度で自然の中に入って行くワンダーフォーゲル活動は、スポーツアルピニズムとは明らかに異なったものがあります。

　後者においては主として自然を自己の試練の相手としてとらえ、自然を相手に自己の能力の限界を試みることによって自己の向上がはかられます。「より困難なものへ」と可視的対象の高度化が求められる結果、対象たる自然は先ず山に限られ、その中でも一際峻嶮な山岳の、より困難なルートとなります。

　これに対しワンダーフォーゲルの対象とする自然はより包括的、一般的です。山岳部の対象とする山の他に、低山、高原、森林、湖沼、海浜、さらに……村落、田園までを含みます。対決的態度と調和的態度という理念の違いからこの様な活動対象の違いが生じてくるのです。

当時は、このように山岳部との差異を強調する必要があったのである。

中央大学のワンダーフォーゲル運動

この当時の状況を、中央大学ワンダーフォーゲル部ＯＢの菊川忠雄は「模索の時代」と称して次のように記している。

　私達が入部した年の昭和二十七（一九五二）年は世の中は大分落ち着いたものの、未だ敗戦の余韻を残していました。それでも四年の間にはかなり改善されましたが、今から思えば随分、物のない貧困な時代だったと思います。…

それまでの兼松先輩（部の創設者）を中心とした小人数のアットホーム的な、そして理想主義的な環境から、先輩が卒業され、代が替わり新しい部員が入って来て部員数が増えるに従って、それまでにない様な問題が浮かび上がってきたのです。

その一つはワンダーフォーゲル運動に対する解釈の相違があげられます。当時はワンダーフォーゲルという言葉そのものが一般的ではなく、何処へ行っても「ワンダーフォーゲルとはドイツのカールフィッシャーが唱えた青年運動で…」など と、生半可な知識をひけらかしながら、大汗をかいて説明したものでした。…

もう一つは、部員は単なる自然愛好者にとどまらず、ワンダーフォーゲル運動の「リーダーたれ」ということを標榜して、部活動を展開していったことです。そのために、前代までなかった新人養成合宿などの合宿を新たに設けるなど、全体の行事日数も増え、また強制の度合いも強化されて部員の負担は私達が新人だった頃とは比較にならないほど増えていったこともまた事実でした。…

（『遍歴』より）

3　東と西のワンダーフォーゲル

学生登山の新しい潮流を起こした数多くのワンダーフォーゲル部の発足の動機をみると、大まかに次の二つに区分することができる。

一つ目は、山岳部から派生して独立し、あるいは山岳部とは異なる姿勢で山を愛好する者が新たに集まって発足したものである。

アルピニズムや冒険主義からの分化であり、わが国の学生登山史のうえで特筆されるべき事柄だったとみてよいだろう。この区分に該当するのは、主に草創期に創部した関東地区の大学である。

二つ目は、レクレーションの影響によって作られた同好会などが母体となって発生したものである。

　この区分に該当するのは、近畿地方など五〇年代後半以降に設立した大学が多い。この当時はユースホステル関連の活動も盛んに行われ、各地の教育委員会がサイクリングや教育キャンプの普及活動を行っていた時代で、急速にレクレーションの意識が強まりつつあった。

　一九五五年までに、関東地区ではすでに約二〇の大学ワンダーフォーゲル部が活動していた。連盟も活動を開始していた。

　このなかにただ一校、関西学院大学ワンダーフォーゲル部が関西から加わっていた。

東は登山から始まった

　戦後、最初の活動を再開した明治大学の活動状況を紹介しよう。戦前に入学していた部員たちが、ワンダーフォーゲル部を復活して登山を開始したのである。

　後続して設立した関東地域の大学のワンダーフォーゲル部は、これに倣って登山を行い、合ワンも登山活動を行っていた。


　…戦後のＷＶが平野部での行動が全くなくなり、山にばかり行く様になってきましたので、山岳部とのケジメを付ける関係もあり、精神面と行動面での理論的裏付けが要求されておりました。…

　精神面では、「二本の足で歩く事」と決めました。手を使って登攀することは除外されていました。

　前に後に混乱して居った当時の基本原則でありました。極めて簡単な事ですが、この原則は爾来一貫して通用しておるものと思います。

　此の様に述べれば、如何にもパイオニヤ精神を満たさない様に思われますが、実際にはなかなか当時としては突っ込んだ事もやっておりました。

　例えば昭和二二年の第二〇一回Ｗ南アルプス縦走は、戦時中から鎖されておった稜線這松帯の戦後初めての切り開きであり（そのあと昭和山岳会が南ア全縦走に入っている）、部誌第三号掲載の野呂川要図（七万五千分之一）等は、当時この方面の重要な資料として高く評価されておったものであります。

当時のＷＶの形式は、先ず地図上に田圃（水田の記号）の地帯をＷして糧秣（米と云わず五穀ならなんでも）を入手してから、山に分け入るという手順で、水団《すいとん》をつくり野草の雑炊をすすり、岩魚を焼いて食べ、廃道を切り開いて行きました。斯の如くして、二一年、二二年は、合宿は行わず、渡り鳥の精神宜しく、やっと入手した天幕を肩に山又山を転々と流浪しておりました。……その後昭和二五年頃部員数の増加と共に、戦前に行われて居った班別制が再び行われるようになった訳であります。

（新村貞男『三十年のあゆみ』より）

西はサイクリングから始まった

関西地区の大学における創部が始まったのは、五六年あたりからである。

日本ユース・ホステル協会（以下、日本ＹＨ協会）の各県支部と各県教育委員会などの協同で開始されたサイクリングの行事に参加した学生たちによるワンダーフォーゲル部の設立が始まっていた。設立後に地域の学生ワンダーフォーゲル連盟に加盟して情報を得るにしたがって、活動の重点を部の自主的な登山活動に移していった。

野外活動奨励の通達

大学ワンダーフォーゲル部の設立が大流行した時代は、少年キャンプの大流行が並走していた時期であり、世間では国内旅行の流行が続いていた。朝鮮戦争による特需景気に続く国内経済の発展に支えられて国民の多くが経済的に豊かになり始めていた。

この当時に出された次の通達などによって、青少年の教育キャンプが展開されることになった。

「青少年野外活動の奨励について」文部省事務次官通達　一九五六年

「社会教育団体に対する助成について」文部省社会教育局長通達　一九五九年

「野外活動」という言葉が公用語になったのは、前記の通達が出されて以来のことだといわれている。

大学ワンダーフォーゲルと日本ＹＨ協会

一九五一年に設立された日本ＹＨ協会は、都道府県協会を続々と発足させた。

・五五年（初年度）：北海道、愛知、福島県、静岡県、
　長野県
・五六年：京都、滋賀県、福井県
・五七年：高知県、兵庫県、新潟県、大阪府、
　山形県、神奈川県
・五八年：石川県

（『日本ユース・ホステル20年史』より）

巻末表2をみると、五五年頃に起きたユースホステル運動と大学ワンダーフォーゲル部の設立流行の相関関係を類推することができる。

その一例を紹介しよう。

五七年に大阪ＹＨ協会は第一回ワンダーフォーゲル教室を主催した。後援したのは、大阪府・市の教育委員会、毎日新聞社、緑のこだま近畿協議会、大阪府青少年野外活動協会であった。

第二回目は五八年にユースホステル教室として開催された。参加者一七八名のうち学生が四五名で、参加学生の所属は大阪大学、神戸大学、関西大学、大阪府立大学、関西学院大学などであった。

この同年に、次の大学においてワンダーフォーゲル部が誕生した。大阪大学、神戸大学、大阪府立大学、大阪市立大学である。

このような、青少年育成運動が動機となった大学ワンダーフォーゲル部の設立は、わが国の戦後改革によって生じた大きな時代の波動だったのである。

episode 3

ユースホステルとの合併案があった

迷走した ワンダーフォーゲル運動

全日本学生ワンダーフォーゲル連盟が発足したのは一九四八年、その三年後に日本ユース・ホステル協会（以下、日本ＹＨ協会）が設立された直後から、全日本学生ワンダーフォーゲル連盟を日本ＹＨ協会に合併させるという構想が表面化していたのである。

「合併案」は、大学ワンダーフォーゲル部のＯＢのなかで、後に日本ＹＨ協会の設立発起人となった福井正吉、兼松保一ほかの少数の人たちの構想であったと推測される。この構想は、次のような合併案となって、動きだした。

各校のワンダーフォーゲル部とハイキング部は、その部の歴史および性質上呼称は自由とし、全日本学生ワンダーフォーゲル連盟が発展的に解消して日本ユースホステル連盟となる。

（『三十年のあゆみ』より）

連盟委員のなかで、この案を推進する一派とワンダーフォーゲル保守派との激しい議論があったようだが、この案をもとにして、各校から指名された連盟委員たちが活動を始めた。

この案は、異論や反対意見があり、やがて立ち消えとなった。

大学ワンダーフォーゲルの開祖として明治大学ワンダーフォーゲル部を率いていた春日井薫は、合併案には反対であった。

東京大学ワンダーフォーゲル部の委員も次のように記している。

昭和二七年、学生ワンダーフォーゲル連盟の会議にも数回出たが、ユースホステル協会との合併の話などがでて、出席しなくなった。

（『ＴＷＶの五〇年』より）

この当時のことを、明治大学ワンダーフォーゲル部の監督を勤めた鈴木善次郎は部報に次のように記しており、当時この件に関する論争があったことをうかがわせる。

ユースホステルとの一線を画することである。ワンダーフォーゲルははっきりと運動の実践体であり、ユースホステルは宿泊の設備でありその利用のための行動であると思う。

この合併構想を退けて大学ワンダーフォーゲルの歴史を不動のものとしたのは、明治大学ワンダーフォーゲル部や東京大学ワンダーフォーゲル部の気風のなかに宿っていた独立・自主の精神的な支柱であったと思われる。

すなわち、両大学のワンダーフォーゲル部は共にエリートたらんとする誇りをもっており、併せて明治大学は友愛と協同の理念、東京大学は創部以来の自主・自由を尊重する同志の連帯意識が存在していたのである。

ユースホステル運動との接点

一九四九年と翌五〇年と二度にわたって、米国のユースホステルの開祖といわれるモンロースミス夫妻が引率する青少年の教育的海外旅行（ユース・アーゴシー）が、アメリカン・ユースホステルの会員を含む青少年を引率しての世界旅行の途中で日本に立ち寄った。

この訪日に際して、在日連合軍総司令部（ＧＨＱ）の青少年部が、ＹＭＣＡと、全日本学生ワンダーフォーゲル連盟会長・出口に対して、その来日中の世話役を依頼した。

明治大学や中央大学で行われた交歓パーティーなど多くの歓迎行事は、ワンダーフォーゲル連盟加盟校（明治、慶應義塾、中央、立教、青山学院）の部員、米国民間情報教育局（ＣＩＥ）、ＹＭＣＡ、基督教関係者、日本ロータリークラブや連盟加盟校のＥＳＳ部員など、多くの人たちが世話役として参加して行われた。

この時の世話役に参加したワンダーフォーゲル連盟の委員たちのうちの数名が、ユースホステルに関心を深めて日本ＹＨ協会の設立発起人の一部に加わったのである。

この設立時に全日本学生ワンダーフォーゲル連盟出身者から理事に就

任したのは福井（連盟の顧問）と兼松保一・鈴木照雄（中央大学）、前川宗幸・藤井 務（青山学院ハイキング部）、吉田晴彦（慶應義塾大学）などの連盟委員として活躍したOB諸氏であった。

福井はこの時からワンダーフォーゲル普及運動と併せて青少年育成運動にも携わることになった。

兼松は母校・中央大学ワンダーフォーゲルの主将、監督を務めたのちに専任講師、教授となり、転じて日本YH協会の設立発起人、同理事長を務めた。また一九五二年から、戸隠高原で兼松学校（キャンプ）を主宰していた。

五一年に、YMCAなどを中核とする財界人と、大学のワンダーフォーゲル部出身の活動家たちが設立発起人となって日本ユースホステル協会が設立された。

同協会による初期のホステリングは、主に自転車旅行（サイクリング）として行われていた。

自転車振興会と全国自転車工業会が全面的に協力し、業界から理事にも就任していた。

当初に青少年の自転車旅行などの行事に参加していた全日本学生ワンダーフォーゲル連盟と、ユースホステル協会との関係は翌五二年から遠ざかっていた。

GHQと出口林次郎

ユース・アーゴシーが来日した期間中の世話役のなかに、全日本学生ワンダーフォーゲル連盟が加えられた動機に関連して、出口は次のように記している。

たまたま私がアメリカのコーネル大学留学時代の寄宿舎で同室だった親友のドナルド・タイパー君がGHQの民間情報局青少年部長として日本にやって来ていて、その頃、彼は私を方々訪ねてみたが判らず、最後に電話帳を通訳に見てもらったら、私の名前があったというので、狂喜して電話をかけて来た。そして私の家にも遊びに来るようになった……。」

（『教授と議員』より）

4　創部の経緯さまざま

創立の動機や経緯はそれぞれ異なるが、初期に部を創設した大学の多くが、山岳部とは異なる自由な雰囲気で気が合う仲間が集まって、縦走登山を主眼にして結成された。このほかにサイクリングの同好会やクラブがワンダーフォーゲル部創設の足場となった例も多くみられる。

次に、全国の大学ワンダーフォーゲル部のなかから、代表的な創部の経緯を、各部が発行した周年記念誌によって紹介してみよう（部の設立年順）。

それぞれの周年誌の発行年などは、巻末の参考文献のなかに一覧表として掲げた。

明治大学

一九四六（昭和二一）年一月に部を再建した。この年に、体育連合会が結成されると同時に加入した。第一回のワンデルンとして奥多摩・本仁田山への登山を行った。この年度には、一一回の山行とスキーが一回行われた。四六年度 登山一一回、スキー一回が行われた。夏と秋には五～七日間の合宿（自由参加）が始まった。

四八年度・登山が二五回、スキーが二回となり、次第に活動回数が増加してゆく。初の夏合宿が奥日光において、自由参加方式で行われた。

この年度に全日本学生ワンダーフォーゲル連盟を復活し、最初の合同ワンデルングを丹沢山中において一泊で行った。

四九年度・登山三七回、スキー九回が行われた。夏合宿を全員参加方式（公式ワンデルング）に改めて、上高地で七日間の全員合宿を開始した。

この年以来、夏合宿は部の公式活動として今日まで継続されている（『六十年のあゆみ』より）。

中央大学

一九四八年六月に部が誕生した。戦後に創部した最初の大学ワンダーフォーゲル部である。

同年に夏期合宿を開始し、この直後に全日本学生ワンダーフォーゲル連盟に加盟した。福井正吉（日本体育協会主事）が部の顧問となった。

同大学のワンダーフォーゲル部を創設した兼松保一は創部の動機を次のように記している。

すでに前年、単独で南アルプス甲斐駒・仙丈を縦走した時、北沢小屋で一緒になった明治大学ワンダーフォーゲル部の連中にワンダーフォーゲルの何たるかを教えられ、彼らの生活を見ていて中央大学にもこんな部が欲しいとは思っていたのであった。…

幸い高校から予科を通じて一緒で学部も一緒に入った鈴木照雄、中川内政信の両君の助けを得て、ビラ作りから部屋探しなど部を作る努力を始めたわけであるが、明治大学ワンダーフォーゲル部の協力もあり、野球部にいた関係で学内に顔が知られていたこともあり、部員も集まって、秋には正式に学友会に所属も認められた。

六七年から大学は四年制の新制大学に移行し、正課体育が実施されるようになって、ワンダーフォーゲルをその科目の一つに加えることに成功し、その実施にあたっては当時はほとんど体育施設がなかったので、ワンダーフォーゲル部は大きな貢献をした。

創部に関して兼松に助力したのは、明治大学ワンダーフォーゲル部主将の大橋莞爾であったようだ。

この当時の模様が40周年誌に次のように解説されている。

この時代を過ごしたOBの特徴の一つは旧い学校制度の中で育ったことである。それは小学校までが義務教育であり、旧制中学を受験した者達である。その影響もあってか当時の学生には「最高学府」に学ぶ者としての誇りと自覚があり、リーダーたらんという気概にあふれていたように思う。

当時は耳慣れない「ワンダーフォーゲル」という言葉、そしてワンダーフォーゲル運動を世間の人々に少しでも理解してもらおうと努力し、ことあるごとに「啓蒙」があったのもこの時代である。

これは我が部にとどまらず「連盟小史」でも語られているように、当時の学生の自覚の表れとして全日本学生ワンダーフォーゲル連盟の結成もあったのである。

同部の綱領は次のもので、部の設立宣言にも掲げられた。

一、吾らは国土を遍歴し美しき自然に親しまん
一、日本の地理と民族にふれて日本精神を高揚せん
一、友愛と団体精神によりて力強く結び合わん
一、純朴に剛健に白門精神を発揮せん
一、祖国再建に集まる健児の一党たらん

一九五一年に部誌「渡り鳥」を発刊した（『遍歴40年のあゆみ』より）。

東京大学

一九五一年一〇月にワンダーフォーゲル部として発足した。部の創設は、辻恒太ほかの学生によって進められた。創設者の一人である北原大平の「ワンゲルとは徒歩旅行であった」から、その一部を紹介しよう。

名称は頂いた。基本的に徒歩旅行では一致する。設立時に相違点を論議したことを想いおこす。

ドイツ語の意味をそのまま解釈し、未知のものに憧れ、旅をする「渡り鳥」、自由人の集まりとした。

安く旅をする。何時の時代でも若者の要望である。ドイツにはユースホステルという安価な宿泊施設があった。我々にはない。あったのは旧制高校時代の無銭旅行の伝統。当時は国鉄利用の徒歩旅行しかない。垂直指向の登山部、中間に垂直と水平のミックスしたトレッキング、そして水平思考のハイキング、キャンプ、さらには名所旧跡めぐりの観光旅行と幅広いものと考えた。

尾崎喜八さん、田部重治さんの峠、高原、奥秩父、八ヶ岳などの歩きと、秘境、僻地を「何でも見てやろう」との探検部的イメージを持つ人が多かったようだ。

…自由人集いて、ワンゲルと称した。だからこそ、それぞれの人にその人独自のワンゲルがあった。

登山一三回とスキー二回を実施、第一回目の夏合宿は上高地で行った。

五三年は登山八回、スキー一回、夏合宿は南アルプスで。五四年は登山二四回、夏合宿は奥秩父で。五五年は登山が三五回に増加し、夏合宿は志賀高原で行われた。

登山は、いずれも縦走登山が中心であった。

五二年に駒場校舎と併せて全学サークルとなり、五五年に全日本学生ワンダーフォーゲル連盟に加入した。部員が急増して約一五〇人となった。

同年の夏季合宿で、最初のスタンツが行われた。

五七年に部誌「山路」を創刊した。

同年に駒場学友会に加入し翌年から予算獲得、運動会（全学）に加入の申請を行ったが否決された。翌五八年も否決。

六〇年にOB会が発足した。

六一年にようやく運動会への加入を果たした。

国立大学におけるワンダーフォーゲル部の設立が関西地方と北海道ならびに東北地方に飛び火したのは、東京大学ワンダーフォーゲル部の運動会への加入が承認された同じ年のことであった（『TWVの50年』より）。

法政大学

一九五一年にワンダーフォーゲル部を設立した。

中野 忠、町田 実の「若き日の誇り」という回顧録から要約して紹介しよう。

五〇年に新制大学が発足し、予科より入学させる学生、専門部学生、新たに四年制大学として入学させる学生とが混在していた。

山岳部員二年の長谷川英夫は、出口林次郎の『ワンダーフォーゲル常識』を熱心に読んで、大きな魅力を感じると同時に、いわゆる山屋的感覚と多少違うニュアンスを持っていた。

山岳部員として北アルプス縦走中に、濃霧の中より十数名の隊列が現れて「こんにちは」と言葉を交わし霧の中へ消えて行った。ふと後を見ると、彼等の大きなキスリングに、W・Vと霞んで見えた。

山登りは「アルピニスト」や「ハイカー」と、思っていた私の頭の中にW・Vの文字が焼き付いて離れなかった。

　山岳部の合宿も終わり、東京に帰った私はワンダーフォーゲルの研究に取りかかり、ワンダーフォーゲルの素晴らしさを発見……。法政大学の学生の中にも、ワンダラーが居る筈だ……と考えた。

　法政大学ワンダーフォーゲル部を創設することを決意して、学内の友人で山好きな古庄昭夫（カメラ部）に相談し、協力を得ることとなった。

　長谷川と古庄は、山岳部長の桂田利吉教授に部長就任を依頼し承諾を得たので、五〇年一二月に部発足準備会を開き、翌五一年二月にワンダーフォーゲル部としての任意団体届を大学に提出した。

　第一回創立説明会が部員二十名ぐらいで行われた。

　一年後に全日本学生ワンダーフォーゲル連盟に加盟した。

　学内において当初は確認団体という取扱いとされて、準部としても承認されなかった。準加盟を許されたのは五三年である。このために創設者たちは、装備の購入費や合宿費の調達などに大変苦労したことが記録されている。五三年に体育会の準部として、五六年に体育会の正部として承認された。部誌「雲海」を五四年に創刊している。

　五七年当時でも、体育会は女子学生の入部を認めていなかった。


（『創部 50年記念誌』より）

日本大学（工）

一九五三年六月に日本大学工学部ワンダーフォーゲル部は産声を上げた。

鈴木一郎の「部の生い立ち」という回顧録から、要約して紹介しよう。


　設立の前年に教養学部に入学した高校同窓生の仲谷千秋、清水嶽哉、鈴木の三名は同調者の杉本を加えて、然るべき人に意見を聞いて廻る事にした。愛宕山下のボーイスカウト日本連盟や、毎日新聞の大島謙吉氏や、お茶の水にあった岸体育館の福井正吉氏の話を聞くうちに、次第にワンダーフォーゲルに感心が向いていった。

同好会でよい、その代わり、他から制約を受ける事なく行動したい。さらに体育会系にみられる、軍隊的上下関係は絶対嫌だ。新人でも意見が述べられて、いろいろな企画が実行できる部を作りたい等と基本的な構想を固めていった。

工学部自治会への加盟は一部の反対があったものの難なく認められ、年に一万円の予算も獲得出来た。

募集も順調に進み二〇人位のメンバーを集めて昭和二八年六月、工学部本館の教室で創部総会を開くことが出来た。最初のワンデルングは伊豆玄岳で行われた。

その後も大学側からたびたび呼び出された。山岳部とは別の組織を作った理由を聞かれた。僕にはこの質問は耳にタコだったので、回答も慣れていた。

「山岳部はスポーツで、持てる力を一二〇％絞り出して、困難なシーズン、ルートで山頂を征服するもの。対してワンダーフォーゲルは、目的地に到達する為には自分の持つ力の八〇％を費やし、残りは〝自然と風土を愛する〟のだ。雲や水や花等の美しい自然を絵に描いたり、写真を撮ったり、詩を作ったりする。そして地方の伝説、芸能を学びもする。そのために、出発前には調査や勉強もする。目標も山岳だけに限らず日本国中の野も海も、そこに暮らす人の生活も全て、ワンダラーの対象である。」と演説したものであった。

（『創部50年記念誌』より）

後に、日大工学部ワンダーフォーゲル部は、池田林儀（『ワンダーフォーゲル』の著者）を顧問として迎えた。

お茶の水女子大学

一九五四年四月設立された。この前年に、東京女子大学が女子大学で初の山岳部を設立したばかりの時期である。

山岳部への入部を希望していた山本富士子が、山の愛好者であった三原佳代子を誘って部を創設した。

その設立経緯が、山本の「ＯＷＶの誕生」に次のように記されている。

女高師が新制大学になって四年目に入学した私は、山岳部に入ろうと期待していたのだが、数少ないサークルの中にそのようなものはなかった。学内の様子もわからぬままあきらめていたのだが、講義でよく一緒になる三原さんも山が好きだとわかり、三年になった時二人でサークルを作ろうということになった。

当時は娘を四年制大学へ入れるのさえ珍しかった位で、私は父に、そんな汚ないキスリングに山靴姿で家の前など歩いてくれるなと、いつも嫌味を言われたものである。

そんな時代に、全学合わせて七百人足らずの女子大で山岳部を名乗っても部員が集まらないのではないかと私達は思った。それで、ワンダーフォーゲル位にしておこう、と決め、山がお好きだという噂の志田　麓先生に顧問になっていただきたいとお願いに上がると、こころよく引き受けてくださった。…

道具もなく部屋もなく部運営の経験もないまま、私達はただ週一回お昼休みにドイツ語研究室を拝借して歌を歌ったり山行の相談をし、楽しく山にでかけた。…

初ワンデルングは尾瀬で、一六名が参加した。

（『創立三〇周年記念アルペンローゼ　26号』より）

横浜市立大学

一九五四年に設立した。

前年の四月に、山岳部が新入部員確保の目的をもって新入生歓迎ハイキング大会（大菩薩峠）を実施、これに参加した新入部員を中心としたハイキング同好会が発足した。五四年に山岳部の指導から独立してワンダーフォーゲル部が設立され、運動部連合会に入会した。酒井　徹、小濱喜久二、鈴木良明たちの尽力によるものだった。

発足当時の部員の創部理念は「ドイツ・ワンダーフォーゲル運動に倣い、登山を中心に人格練成を目指す」というものであったことが記録に残されている。

創生期部員諸氏の回顧録から、創部当時の模様の一部を紹介しよう。

一九五八年に山岳部員を中心に自然を歩くことに憧憬を持った人々が参加してハイキング同好会なるものが発足した。その意図は明確ではないが、山岳部員の養成機関たることを目的とするものと、もうひとつは漠然たる自然への愛着をなんらかの活動に結実させようという動きがあったようだ。

亜流山岳会と言われながら、自然と対峙、挑戦、征服するのではなく、自然への憧憬と融和を求める気持を養うことに努めた。ワンゲル精神が芽生えた年といえよう。我々は一層、一般学生、外部団体との繋がりを強めた。

創部五年目、ワンゲルという名称がマスコミにも時々話題となって来た。四年間の生え抜きの猛者は去ったがワンゲルの山が定着、女子部員の増加によって活動に広がりを見た。

（『峠 50周年記念号』より）

北海道大学

一九五五年五月に設立した。部誌『道標』創刊号に「ワンゲルについて」と題して初代主将の土岐 基が次のように記している。

なぜ、ハイキング部でも、山岳部でもないワンダーフォーゲル部などというものを作ったのか、率直に言えば吾々はその人々といくらか違う目的と行動とを持ちたかったからである。山岳部の仕事は山に登ることだし、ハイキング部の仕事は野山を歩くことだ。吾々の行動もむろんその範疇には属するのだが、ただ違うのは、気持ちのあり方である。

吾々はだいいち山を征服しようとは思わない。又、単に運動が目的でやる大がかりな散歩をしようと言うのでもない。吾々のやることは、ワンダーフォーゲルと言う言葉が示す通り、一介の渡り鳥になることなのである。自然を征服する代わりに、自然の一部になろうとするのだ。

当時の我々は旅行すること、自然に親しむことについては趣味が一致しており、又この面々、山も好きだが本格的な山岳技術を知っているものも居らず、今更、山岳部に入って先輩よりも重い荷物を背負わされるのも口惜しいし、又それ程の体力に自信のあるものも居なかった。そこで我々と同じような連中だっていることだろうという推定のもとに山岳部とは性格を異にしたワンダーフォーゲル部を創立することになったのである。

北大にワンゲルを創立した当時は、全国の大学でも私立の早稲田、明治大学等にあった位で早稲田のワンゲルから交流を計ろうとの勧誘があり、今後、相互の活動計画、及び機関誌の交換をしようということになり、早稲田から定期的に機関誌の送付が続いた。

この返礼の意味からも、又部員相互の親睦のためにも、機関誌の発行を直ちに計画し、原稿集めに奔走して、やっと陽の目を見る事になり、『道標』第一号が誕生した訳である。

幾度か土岐氏の下宿へ集まり設立の相談を持ち、先ずハードな山岳部とは違うトレッキングを目的とし、部員は男子学生ばかりでなく、彩りを添える女性は学外からも参加自由、を盛り込んだ骨子が出来上がった。

(『道標 創部50周年記念誌』より)

関西学院大学

一九五五年九月に上田忠明、西巻昇一の両名がワンダーフォーゲル同好会を創立した。関西地区の大学では初めてのワンダーフォーゲルの設立であった。

創立の翌月に、全日本学生ワンダーフォーゲル連盟の秋季合同ワンデリングに参加した。関東地区以外からの初の参加校であった。

座談会の回顧談から、設立当時の経過をかいつまんで紹介しよう。

最初はサイクリングや北海道旅行などいろいろやった。単なる旅行だけど。それもWVやと。もちろんスキー、ハイキングもやった。

どこにも行けるし、何でもできる。過去の経験は問わない。女子部員歓迎。だれでも参加できるクラブを積極的にアピールした。

トレーニングを義務付けたので退部者も出たが、すっきりした部になった。

女子は山岳部の入部を断られ、ＷＶ部に入った。最初は七名入ったが、卒業時は二名しかいなかった。

当時は関東に追いつけ追い越せという先輩方の強い熱意があった。

体育会加入は認められなかった。体育会の主張は、一、文化部に加入すべし。二、山岳部かスキー部に入るべきだ。三、同好会である。と言うものだった。

日本だから山をやったのであって、カナダだったらカヌーが最適かもしれない。

（『記録五十年の踏み跡』より）

このように、当時の背景が語られている。

創部の翌年に、部誌「溪声」を創刊した。

五八年に体育会所属のクラブに昇格し、同年にＯＢ会が発足した。

京都大学

一九五六年四月に、山岳部から独立してワンダーフォーゲル部が発足した。

同部が独立した同じ年に、探検部も山岳部から独立して発足した。

山岳部から派生して独立に至った京都大学の例は、この三年後の金沢大学における例と共に、学生登山の世界における画期的な出来事であったとみてよいだろう。

創設メンバーの中心であった並河 清は、設立の経緯について、部報に次のように記している。

京大に自由な野外活動の好きな仲間を集め、一つの組織をつくり大いに学生生活をエンジョイしよう。その組織にワンダーフォーゲル部という名をつけよう。これが創立準備の頃の気持ちである。

ワンダーフォーゲル部をつくる様になったのは

私が山登りや旅行に親しみをもっていたことは勿論であるが、二回生の夏休みに京大山岳部よりヒュッテの管理を依頼された事に始まる。一ヶ月余のヒュッテンレーベンにより色々の事を知り、考えさせられた。京大生の自閉性、数人の仲間で各地を旅行したりしている人が多い事、野外生活に憧れている人やサイクリングをしたいが適当な機関がなく制約を受けている人が多くいる事、山岳部に精神的な面で入り得ない、山岳部員の特権意識などである。

（『水行末雲行末風来末 創刊号』より）

ワンダーフォーゲル部が設立される以前の二年ほどの間は、京都大学山岳部内においてOBと現役を含めて、ワンダーフォーゲル派、アルピニズム派、探検派の溝が深まり、部が大きく揺れた時代だったようである。同じく一九五六年には、探検部も山岳部から独立して発足した。

ワンダーフォーゲル部の結成趣意の文章が、部報に次のように書かれている。

本部は、徒歩旅行、山登り、ハイキング、スキーなどをする事によって自然に接し、美しい大自然の中で我々の魂の故郷を求めようとするものである。山登り、スキーは、現に山岳部およびスキー部があるが、これはスポーツ登山であり、スポーツスキーである。本部が意図するものは、レクリエーションとしての登山でありスキーであり徒歩旅行である。

（『水行末雲行末風来末 第五号』より）

同部は、文化団体にも運動団体にも所属せず、部長や顧問も置かなかったが、学生部からは認可を得て部室を確保した。現在は、体育系サークル（非体育会所属）として認可を得て活動している。

福井大学

一九五六年一一月　FYWRという仮の名称でクラブを結成した。福井大学・ユースホステル・ワンダーフォーゲル・レクレーションの略号であった。

部の創設者・横山昌弘が記した回顧録より、要約して紹介しよう。

当時、ユースホステルも社会教育関係者の中で広がりを見せていたこともあり、レクレーション、ハイキング、緑のこだま、など「余暇」というキーワードで整理できる諸活動が前後して生まれていた。

当時ワンダーフォーゲルという知名度が低く部員募集には使えなかった。

同年一二月　ワンダーフォーゲル部として正式に設立届けを提出。部長には創設者の横山が就き、部員三一名で発足した。部旗と部章を制定した。

五七年に、関西学生ワンダーフォーゲル連盟結成と同時に加盟。

五八年一月、部誌「渡り鳥」を創刊（第六号により「ろくしょ」と改名）した。

六一年に、約四年にわたる六所山登山コース開発の成果を「六所山開発報告書」として発行（後の『福井の山と半島』）した。第三版まで発行された。後年には、福井県の山行のバイブル的存在になった。コースの開発にあたっては、福井鉄道と地元の越前町の援助があった。

（『ＦＵＷＶ部50年のあゆみ』より）

関西大学

一九五七年四月に、前身であった自転車同好会(五六年発足）をワンダーフォーゲル会と改称して、関西学生ワンダーフォーゲル連盟が結成されると同時に加盟した。

同年一一月までは、西日本一周自転車リレーなどのサイクリング活動も行われていた。

六〇年四月に体育会の準部に昇格し、一九六二年四月に正部として承認された。

第一期卒業で高校山岳部出身であった片岡 宏は、次のように回顧している。

早速やや強引でしたが、山岳部に追いつけを目標に、本来ＷＶ活動には文化的要素が多くあるべきところを、山行を主たる目的に変化させていきました。

また装備も重い綿布テント、木製シャフトのピッケル、スキーは木製合板、ストックは節のある竹等でしたが、短期間に高い目標の合宿計画、充実した内容へと向上し、体力増強により、重い装備にも対応できる進歩をしました。


（『千里　創部50周年記念号』より）

東京工業大学

一九五七年五月に、山好きの柳下棟生と山下和正が、自然研究部のなかにあったワンダーフォーゲルグループが活動を止めていることを聞き出し、二人で自然研究部・ワンダーフォーゲルを新たに立ち上げて、部員募集を始めた。

同年中にザックマークを制定、全日本ワンダーフォーゲル連盟に加盟、部誌「つばくら」を創刊し、ユニフォームを制定した。

五九年に、ワンダーフォーゲル部に改名した。

創設者であった柳下棟生の「あの時を振り返って」から、抜粋して紹介しよう。


私達がワンダーフォーゲル部を作ろうと思ったのは、大学に入学して直後のことなのですが、ワンゲルに対して特に意識した目的があったわけでもありません。……友達を作り、話をし、一緒に行動したいという単純な気持ちだったように思います。

ワンゲルに着目したのは、その頃ワンダーフォーゲルという言葉が今ほど知られてはいず、習い始めた独語からこの言葉が私達青年を、なにか茫洋とした世界に引きずり込む様な感じを起させていたからでそのことは現在も思い続けています。……毎月一回程度の山行計画を掲示し、同行を募ったりしましたが、当時のこととて、あまり山行経験者もおらず、見よう見まねでいろいろな事を習得しました。

この頃、神田や上野にゴジラ靴とか称する放出の靴とか、朝鮮戦争死者を運んだ寝袋とかも各人仕入れて使用しておりましたが、部共同の備品等もありませんでした。

三十二年度に新入生が大量に入部して初めての合宿を伊豆八丁池で行いましたが、テントもあっちこっちから借り集め、てんやわんやの合宿でしたが……成功しなかったからかえって面白かったた様な合宿で、この経験は以後の合宿にも貴重な成果をもたらしました。…

この年に関東の連盟合ワンに参加し、その後すぐ都立大、武蔵工大などとともに同連盟に加入しました。連盟合ワン等で各校の活躍ぶりを見て、各校ずいぶんカラーが違うものだと感心しました。

（『つばくら第10号』より）

連盟への加盟は、連盟顧問の福井の薦めによるものであったという（柳下談）。

東北大学

一九五七年、北川泰正ほかのメンバーで同好会が結成され、翌年度に川内分校学友会の文化部への加入が許されたが、学友会中央会への昇格は認められなかった。

一期生の加藤哲男の回顧録から抜粋して紹介しよう。

…その活動も組織力などなく、只自然を親しみ、旅を好む人間が集まって気軽に出かけて行くごくごく単純な集まりであった。名実共に同好会であったのである。…

当時の活動の特徴のひとつに、山だけでなく、丸太沢に飯盒炊爨に行ったり、月見ワンゲルといって、月を眺めながら夜を徹して何十きキロも歩くとか、奥の細道紀行と称し、最上川沿いをキャンプしながら何日もかけて芭蕉の後をたどるとか、ワンゲル本来の〝おおらかで、自由に、山野をかけめぐり、自然に親しみ、自然を楽しむ〟というものがありました。

昭和三四年度、……一応、二年生一三名の結束が出来た。それに新入会員一八〇余名を迎え、川内分校最大の人数を誇るクラブになった。…会員と準会員に分け、会員より毎月会費徴収すべく規約を新たに作り実施した。…

会員は会の装備を利用して積極的に活動し、準会員は掲示板にその都度掲示し、会員が連れて行くという制度をとった。…

昭和三五年度、遂に学友会の中央会・体育部の一部と認められる事になったのである。

(会報『報告』三号、OB会「会報」第三九号より)

大阪大学

一九五八年五月に同好会として大阪大学ワンダーフォーゲル会が結成され、同年七月には学内で正式に公認された。

前年の九月に大阪ユースホステル協会が開催した第一回ワンダーフォーゲル教室に参加したユースホステル会員・野津祐三と武重賢治が中心となって結成した。『50周年史』から抜粋して紹介しよう。

「山に！野に！海に！」「歌に、ゲームに、フォークダンスに！」とユースホステル的要素を多分に取り入れた……、会員募集をすると……、六〇名程度まで急増した。

第一回夏期合宿はロードサイクリングであった。

体育会にも文化会にも属さない得意な存在として学内から注目された。

部長には大阪ＹＨ協会理事も務める渡辺理学部教授が就任した。

男子の創部と同年同月に、山岳部の女子部員によって大阪大学女子ワンダーフォーゲル部が結成された。山岳部員・森村弘子と梅本多美子が大阪ユースホステル協会を訪ねて関西学生ワンダーフォーゲル連盟の存在を知り他校の状況を知って、女子ワンダーフォーゲル部を結成した。後に根田美佐子も活動に加わった。

森本は「女子ワンゲル創設の経緯」として次のように記している。

私は元々山岳部に属していて、当時ワンゲルなどということは全然興味がなかった。

ただ山岳部の中の女子部員のあり方について大分考えさせられていて、その時に山岳部の先輩から「女子のワンゲルをつくって、それを山岳部的なものにしていったらどうか」と忠告を受けた。
……しかし女子部員独自の在り方を、私が考えた範囲で何らかの形にしてみることは、もしも同好の人が得られれば楽しいことだと思った。……創設に参加してくれる人は十一名であった。

女子ワンダーフォーゲル部は、同年一〇月に男子の大阪大学ワンダーフォーゲル会と合併した。

翌一九五九年に「ワンダーフォーゲル会」を「ワンダーフォーゲル部」に改称した。

創部後三年目に体育会に正式加入、このころから山を中心とした年間活動体制が整備されていった。

なお、五七年二月に工学部に早川亘を中心とした阪大サイクリングクラブが発足し、関東・関西の大学ワンダーフォーゲル部とのワンデルングも行われていた。これがワンダーフォーゲル会の源流の一部であったともみられる。

（『ワンダーフォーゲル部50年史』より）

金沢大学

一九五八年五月に、山の会から派生し、独立して設立された。設立当初のクラブ員数は四七名。

部誌「Bergheim」創刊号の巻頭言に、初代顧問教官の鈴木広芳が創部のいきさつを次のように紹介している。

本学には前から山の会と称する学生の課外活動の団体があって、山を愛する同志が集まり座談会を開いたりスポーツとしての登山を楽しんでいたが、去年の五月の総会で改組され、会名を山岳部と改め、行事目標も新名称に相応しく本格的で高度な登山技術の修得と鍛錬に重点を置くようになった。

ところが、従来の会員にはそうした高度なものでなく、軽装で気軽に楽しめる近山の逍遥や、自然に親しむハイキング或いはサイクリングに興味を有するものが少なくなく、これらは新しい山岳部について行けなくなり、袂を分かって新たな団体を形成する必要が生じてきた。

このように生まれるべくして生まれたのがワンダーフォーゲルクラブである。

誕生日は山の会の改組一週間後の昭和三十三年五月二十四日、産婆役は教養部一年の田村昭夫、鈴木兵一の両君と記憶する。

本学ではスポーツに関係のある全学的な課外活動の団体は……、初心者が学業の余暇や週末に楽しむというわけにはいかず、所謂選手中心の部と考えられぬこともない。…

創立二年目の今日、部員数は九〇名の多きに達し、スポーツ関係部中の最右翼である。

しかも会員の分布状態は、多少の濃淡はあっても六学部全域に亘っていることはもっとも大きな特色で、今後の飛躍的発展が期待される所以もここにあり、……今後とも課外活動の本旨に徹し、クラブの発展を祈ってやまない。

部規約の（目的）は、次のように定められていた。

大自然に親しむことにより、教養を高め、体力を練磨すると共に団体生活を通じて正しい人間の交わりを学び取り、青春を謳歌し、もって祖国に育まれた自然の美しさを見出し、又ワンダーフォーゲル活動の啓蒙を、その目的とする」と書かれており、創立モットーとして、「日光を浴びよ　自然に親しめ　浩然の気を養え　民謡を唄え山に登れ　伝説を取りもどせ　祖国の土に芽くむ魂を思え　そしてさらに　身体を健全にし　厳格して自己を訓練し青春の精力を濫費するな」

（『創立35周年記念誌』より）

以上、一六の大学について創部の経緯を紹介したが、戦後に我が国に普及しはじめたレクレーションが背景となっているのは、五五年以降に創部した大学に多くみられる。

もちろん、その当時に活動していた諸兄姉にはこのような認識はなかったであろう。五〇年、七〇年と歴史を重ねた今日になってみえて来たものなのである。

5　大量部員時代と組織化のあゆみ

大量部員時代

夏期合宿に参加する人員が急増したのは一九五二（昭和二七）年あたりのことであった。

大量部員に対処した夏期合宿の形式は、全員がベースキャンプに入り、班ごとに放射状にワンデルングを行っていたが、次第に縦走登山の後にベースキャンプ場に集ってテント合宿を行う分散集中形式に移行していった。

明治大学において初の分散集中方式が実施されたのは五七年である。

部員数が最も多かったのは、各大学ともに六一年から六六年にかけての時期であった（表10）。

この頃から、明治大学、中央大学、早稲田大学などでは部員の大幅な増加が始まり、部員数が一〇〇名を超える時期が続いた。

部員数の増加を招いた原因は、キャンプファイアーなどを伴う単位取得のための体育実技ワンデルングが人気を博したためである。

一回に二〇〇名を超える参加者が集まる時期もあった。

表 10　部員数の推移（名）

西暦	元号	慶應	明治	中央	金沢	大阪	関学	神戸	山口
1960	昭 35	133	177	96	70	95	45	23	
1965	昭 40	210	97	142	65	316	84	112	91
1970	昭 45	147	51	100	66	177	59	83	66
1975	昭 50	40	58	64	70	153	27	66	75
1980	昭 55	38	81	50	67	94	34	60	91
1990	平 2	34	47	43	29	82	11	30	40
2000	平 12	38	50	21		55	31	32	17

筆者の調査により作成.

部員数に関して、東北大学の部報「報告」第二一号に「ワンゲル今昔」という回顧録がある。

昭和三十七年。高度経済成長のはしりで生活にいくらかゆとりのできた頃である。

山に行くかアルバイトに追われる傍らで、こんなこともつぶやけるささやかな豊かさが学生生活にも及んできた頃であった。「戦後的状況」が確実に変化していたのである。

この年はたしか百人近く入った。入部金（五百円）欲しさにかき入れたのである。

それを「訓練」を重ねて三十人代に減らした。この年は「飯豊」。急増した新人の措置に窮した。一年生のための合宿。二・二年はその後「南ア」。ともかくこの年が、ワンゲル山行元年と言ってよい。

上級生の間で随分と討議したに違いない。そのつどの反省会も格別であったろう。なにしろ、この年に行われた年間活動形態が、今日の「部活」に基本的に継承されているのである。いかに草創期が重要であり、且又、困難であるかがわかろう。

また、次のような東京大学の記録もある。

一九五五年には一五〇人も入部した。……余り多いので、入会金を取ってやめてもらおうという方針が続いた。……人数を絞るために合宿を強化した。……自由社会から管理社会への発展の時代。……などである。

（『TWVの五〇年』より）

組織化のあゆみ

次に、発展期において大学のワンダーフォーゲル活動をリードしていた明治大学における部活動の発展の足跡をまとめて紹介してみよう。

戦前のワンダーフォーゲル部から生まれ変わって、自主的な活動が始まり、急速に体制を整えていった。組織化のあゆみである

一九四六年
・再建後第一回目のワンデルングを実施。
一九四八年
・部誌「WanderVogel」（第三号）を復刊。現在も毎年発行が続けられている。
・大学ワンダーフォーゲル史上初の女子部員（二名）が入部。第一回の夏合宿を開催した。
・全日本学生ワンダーフォーゲル連盟復活。初代委員長を引き受けた。
・連盟の第一回目合同ワンデリングを実施（丹沢）。
・部の公認ワンデルングを二七回実施した。
一九四九年
・新制大学が発足。
・ワンダーフォーゲルが、体育実技の正課に認定。
・監督制度を新設し、部規則を制定して学校当局の承認を得た。
・部の公認ワンデルングを四七回実施した。
一九五〇年
・部長が春日井 薫から木下 勇に交代。春日井が新制大学の発足と同時に商学部長となったため、部長を木下に引き継ぎ、初代の監督を戦前の主将を務めていた三本鳴美と定めた。
・部報「漂雲」を発刊。
・キャンプソング歌集創刊。
・ワンダーフォーゲル部が、正課体育としてのワンダーフォーゲル行事の実技指導を引き受けた（五二年まで）。
・第一回スキー合宿実施。部の公認ワンデルングを五九回実施。
一九五一年
・旧制出身の委員長（高山派）と、新制出身の委員長（ワンゲル派）が並存して葛藤があり高山派から退部者が出た。
・部の公認ワンデルングを四四回実施。
一九五二年
・委員長が旧制（高良博人）から新制（高野栄三）に引き継がれた。
・新人歓迎ワンデルングを開始。
・新入部員が増加したため、サークル制度（民族、地理、動植物、カメラ）を開始した。

・指導要綱をまとめた。ピッケル、アイゼン、ザイルを使用禁止とした。
・大学祭に初めて出展した。
一九五三年
・OBとの交歓ワンデルング開催。
一九五四年
・ユニフォーム制定。
・ワンダーフォーゲル部初の山小屋を建設した。
一九五五年
・サークル制度を班別制度に改めた。

以上にみるように、年ごとに部員が増加するなかで逐次改善が加えられてゆき、同部の伝統が形成されていった。

これらの運営方法は、後続の多くの大学ワンダーフォーゲル部の活動指針として採用されるようになっていった。

個人から組織へ

大量の部員を迎えたワンダーフォーゲル部は、どのように部員を統括して活動を行うかという方策に試行錯誤を続けた。

また部員の安全を確保するための対策などに苦悩しながら、それぞれに組織化を進めたのであった。

個人の時代から組織の時代へ、といわれて団体行動を主とする体制へと移行した。

東京大学ワンダーフォーゲル部OBによる「ワンダーフォーゲル運動「本質論」の変遷」という一文があるのでその一部分を紹介してみよう。

創設期の中心的な部員の間には同志的な結合があった。彼らは規則になじまぬ自由人であり、ワンダーフォーゲル運動の「本質」論など必要としなかった。

このような状況は一九五五年になると一変した。この年にTWVは一五〇名もの大量の新入部員を迎え、全日本学生ワンダーフォーゲル連盟に加盟したからである。……大勢の新入部員を受け入れた以上、トレーニングや合宿などの養成制度の整備が求められる。部の組織の確立や幽霊部員の発生を防ぐルールの制定等が急務となった。

連盟への加盟は、ＴＷＶが「ワンダーフォーゲル運動」に積極的に関わるとの新方針を採用したことを意味する。

こうして、一九五七年には四年制の部組織が整備され、一九五八年に「東京大学ワンダーフォーゲル部規約」が施行された。

（『ＴＷＶの五〇年』より）

各大学において、サークル活動（課外活動）として大学側の認定を受けるために、監督制度を導入するなどの組織化が行われた。

また、多数の部員を統率するための運営方法を規則化せざるを得ない状況になった。この状況は学生数が多い私立大学において始まり、その対応策が実行されていった。

部の運営方法として導入されたのは、部規則の制定、部長または顧問教員の設置、主将・マネージャー制度の採用、行事への参加義務制、役割を分担する係の設定、係の細分化、シーズン合宿の制度化、リーダー養成システムの構築、トレーニングの制度化、各種会議の常設化などがあった。

初期に監督を任命したのは、明治大学、早稲田大学、中央大学、法政大学、青山学院大学であった。

部長または顧問教員の設置は、ほぼすべての大学で取り入れられた。

正部員と準部員

正部員と準部員の制度は、明治大学、山梨大学などで導入され、正部員は入部してからほぼ一年経過後にリーダー会議で詮衡するとされていた。

東北大学の正会員と準会員の制度も、これに類するものであろう。

急激な部員数の増加によって、ワンダーフォーゲル部は他の部とは異なる運営上の難問を抱えていた。

最大の問題点は山地を活動の場としているため、道迷い、離脱、体調不良、遭難事故などの不測の事態に備える予防と対応措置であった。

次に問題だった点は、未経験者を含む大量の部員の体力や技量の個人差である。

山岳部の場合はロープを結びあう仲間としての力量が必要であり、そこでおのずと選別が行われる。競技部では挑戦する記録の目標が明確であるため参加者が自ら進路を選択することになる。ところがワンダーフォーゲル部の場合には競技規則がないし、競技定員もない。多数の部員が入部した年度の監督やリーダーたちには、並々ならぬ苦悩を味わったようだ。

東北大学の会員制度を、部報の記録から紹介する。

> 昭和三四年度、……新入会員一八〇余名を迎え、川内分校最大の人数を誇るクラブになった。人数の上からも今迄の様な形では統制は不可能であり、活動も充分出来ない事を察知し、会員と準会員に分け、会員より会月会費を徴収すべく規約を新たに作り実施した。……会員は会の装備を利用して積極的に活動し、準会員は掲示板にその都度掲示し、会員が連れて行くという制度をとった。
>
> （『報告』第三号より）

各大学ワンダーフォーゲル部においても部員の増加に対応して、様々な組織的な運営を迫られていったのである。

サークル制度

明治大学のサークル制度という活動は、全部員を民族、地学、動植物、カメラのサークルに分けて、年に二回のサークルワンデルングを実施し、研究や講義受講などを行うものであった。

三年間続けたが、サークル間の希望人員の差が大きくなり廃止し、これに代えて始めた班別制度は、一年間の活動の基礎として班ごとに各学年部員を振り分け、リーダーを定め、リーダー会議において各班のフリープランを検討して部としての許可を与えるものだった。

班制度

新入部員は五名ないし六名ずつ、班（パーティー）に分けられる。各班は、四年生部員のなかから選ばれたリーダー、サブリーダー、各学年部員が振り分けられて総勢で一〇人程度で編成される。

班分けの後、歓迎合宿までの約一週間が合同トレーニング期間とされて、夕方部室に集合してから学校周辺のランニングや筋力トレーニングを行い、この間に一年生は合宿期間中に努める係を決めて、合宿準備に入る、というものであった。

明治大学では、現在もほぼ同様の運営が伝統的に続けられている。

集団活動にあたっては、いずれの大学ワンダーフォーゲル部も係を置いて運営を行っていたようだ。

初めの頃は装備・器具、食糧、気象、医療、記録、OB、学連（連盟）などであったが、次第に写真、集会、トレーニング、薬品衛生、図書、渉外、編集、ファイヤー、歌唱指導、レクレーションなどの係が加えられていった。

部員が全員で体験を共有することによって、達成感や一体感を得ることが重要だといわれていた。

リーダー養成ワンデルング

一九五七年に明治大学において、初のリーダー養成ワンデルングが三年部員を対象として実施された。

五八年に三・四年合同ワンデルングが、六〇年に正部員養成ワンデルングが創設され、現在まで続いている年間スケジュールが、ほぼ固まっていったのである。最初のリーダー養成ワンデルングは、五日間にわたり上越国境の山々で鈴木善次郎監督によって実施され、以後は毎年継続されるようになった。リーダー養成は、次第に他の大学ワンダーフォーゲル部においても年間計画に織り込まれるようになっていった。

鈴木の回顧録から要約して紹介しよう。

リーダー養成を計画したのは上級部員に、より一層指導者としての自信を持たせることと、上級部員同士が横の交わりを持ち未知の世界を開拓して行く勇気と闘志、忍耐力を要求して実施した。

越後湯沢から草津白根の部の山荘まで、毎年異なった道を上級部員が研究して苦労して歩いた。

そして草津の小屋をこよなく愛する部員となってくれた。小屋へ到着してからの反省会では、すっかり人間的に成長し、自信に満ちた三年部員となっていた。

episode 4

ワンダーフォーゲル精神と福井正吉

福井正吉《ふくいしょうきち》（一九〇五〜一九八六）は、戦後の新制大学発足のころから日本体育協会の職員を努めながら出口林次郎の後を引き継ぐかたちで、関東地区の大学に対してワンダーフォーゲル部の設立ならびに連盟の結成の呼び掛けを行った功労者であった。

全日本学生ワンダーフォーゲル連盟（以下、全日本連盟）の設立を指導して、同連盟の顧問となった。

福井は、戦前に内務省における体育事業に関して、出口と行動を共にした間柄であった（『日本岳連史』）。

日本ユース・ホステル協会の設立発起人の一人となり設立時の理事にも就任した。一九五六年に日本体育協会を定年退職（筆頭主事）し、翌五七に大田区ワンダーフォーゲル協会（一八〇頁参照）を設立して、会長に就任した。

福井は中央大学ワンダーフォーゲル部の創立後まもなく同部の顧問となり、次いで早稲田大学ワンダーフォーゲル部の顧問をつとめた。全日本連盟の規約上の事務所は、中央大学ワンダーフォーゲル部内とされていたが、各種の会議は福井が勤務する日本体育協会の会議室において行われていた。

空転した「ワンダーフォーゲル精神」

全日本連盟の会議などにおいて、福井は「ワンダーフォーゲル精神」と「ワンダーフォーゲル運動」という標語を盛んに使用して講演などを行っていたといわれている。

福井が日本体育協会を定年退職した年に、全日本連盟の規約（目的）が変更され、その後段に「広くワンダーフォーゲル運動及びワンダーフォーゲル精神の啓蒙発展を目的とする」という字句が追加されている。顧問・福井の構想に基づくものであったとみられる。

この時期より後に「部規則」を定めた大学ワンダーフォーゲル部や学

生ワンダーフォーゲル連盟は、ほぼ例外なく「ワンダーフォーゲル精神」と「ワンダーフォーゲル運動」という言葉を部則などに掲げていたが、この二つの言葉は定義がないままに福井と接触があった連盟委員の間で迷走していたと思われる。

「ワンダーフォーゲル精神」の典拠は、戦時中に福井が関与していた日本山岳聯盟の綱領にある「我等ハ日本登山精神ノ作興ヲ圖リ以テ肇國ノ理想ニ邁進センコトヲ期ス」であったと推察される。

福井は、第二次世界大戦中に大日本体育会（日本体育協会の前身）の練成部の職員として、陸軍と内務省の主導によって四一年に結成された日本山岳聯盟の各種の行事に、出口と共に世話役として参加していた。

全日本連盟が結成される以前（戦前）から活動していた慶應義塾大学、立教大学、明治大学の部規則には前記の二つの標語は使われていない。

福井は中央大学ワンダーフォーゲル部を創設した兼松保一らと共に、日本ユースホステル協会の設立事業に携わっていた。

学生ワンダーフォーゲル会議

福井は六八年に全日本連盟が解散した後、各地区連盟の委員のなかから有志を集めて学生ワンダーフォーゲル会議という連絡機関を設けて特別顧問となった。連盟体のような組織ではなかった。

この会議を主導した福井の目論見は、社会人や中学高校生にワンダーフォーゲルを正しく伝え、将来は全日本ワンダーフォーゲル協会（仮称）を創ることであったという。

しかし、福井の構想は結実をみないまま、七三年に解散した。

この会議の活動として行われていたのは、国立公園大会（都道府県、環境省、国立公園協会の共催）、キャンプフェスティバル（財団法人国民休暇村主催）、青少年野外活動交換大会などの催しにあたって、関東、関西、東海の学生ワンダーフォーゲル連盟から選出された代表委員たちを、ファイアーキーパーまたはキャンプ指導者として派遣するものであった。

六九年に「ワンデルン　再刊一号」を発行した。

episode 5

深田久弥の『瀟洒なる自然』

大学ワンダーフォーゲルの活動が隆盛となっていた一九六七（昭和四二）年に深田久弥が発行した『瀟《しょう》洒《しゃ》なる自然』（新潮社）という書物のなかに、「ワンダーリング」という文章があるのでその一部を紹介しよう。

山岳部とワンダーフォーゲル部とを並べて、各々の思潮の相違などが紹介されており、興味深いものである。

各大学にワンゲル部があって、部員の数は年々増加している由を聞いた。それに反して山岳部へ入る者は減少し、全部で十数名の部員しか持たない大学も稀ではないという。

大学山岳部はよく遭難事件をおこすので、そんな怖い部へ志願者が少なくなったのだろう。

数年前の話、ある女子大学で山岳部が成りたたなくなり、ワンゲル部と改名したところ、たちまち百数十名が殺到したそうだ。もちろん中身は同じである…。

私の在学した旧制高等学校では、山岳部と言わずに旅行部と呼んだ。ワラジ・キャハンの時代であったから、登山と旅行との間にさしたる区別はなかった…。

山岳部はワンゲル部との間に一線を引くために、冬季登山とロック・クライミングに専念するようになった。それはいいがそのため視野が狭くなって、登山の意義はそれにしかないと思い込み、穂高と剱と谷川岳しか知らず、登山の楽しみを顧みなくなった観がある。

これら若き「アルピニスト」にとっては、普通の道をたどって山へ登り、周囲の景色に感動したり、深い森林の中を気ままに楽しく歩いていくような連中は、真の登山家と呼ぶに値しない。垂直の岩の壁、雪のつまったルンゼ、つめたい夜のビヴァーク、それを知らない者は山のミーチャン・ハーチャンにすぎないのである。彼らにとって、もはや山は特大型のジムでしかない。スタミナだのバランスだのが尊重されて、登山は一種の競技となっている。

模倣は日本の常、いっぱしな登山家の恰好がしたくて、用もないのにピッケルを持ち、重い山靴をはいて、背には肩を越す大リュック、そんな登山者がふえてきた。

しかし私は知っている。まだ一本のピトンを岩に打ち込んだおぼえもなく、氷の壁でピッケルを振ったこともないが、空気の甘美に匂う森や原をさまよい、深い谷をさかのぼったり、ヤブを漕いだり、そして頂上で安らかな憩いを楽しむ人たち、そんな人たちの中に真の意味の登山家がいることを。彼等は本当に山を愛し、山からすべてのものを吸収しようとする。彼等はどんなに年をとっても山が忘れられない。

それに反して、かの勇敢な若きアルピニストたちは、あまりにも早く山から離れる人が多い。競技的な山登りに熱中した人たちは、自分の進む道が袋小路に入ると、さっさと山を見棄ててほかの楽しみに行ってしまう。……

ワンゲルが山岳部の真似をするのはおかしい。自由に楽しく山を歩きまわるのに、何の負け目があるのだろう。昔の大学山岳部は多分にワンゲル的であった。

自然には随分シゴカレタが、主将とか副将とかいう者にシゴカレルようなことはなかった。そしてワンダーリングの楽しさを充分に味わっていたから、いつまでたっても山から離れられない人が多い。

深《ふか》田《だ》久弥《きゅうや》（一九〇三～一九七一）は、石川県出身で『日本百名山』（一九六四年出版）の著者である。日本山岳会の副会長在任中に他界した。

加賀市に「深田久弥 山の文化館」が開設されており、深田について次のように紹介している。

久弥の「山」は、内なる精神を世俗から解き放つ場であった。精神の解放の場として山々を歩いた。戦後は小説よりも山の文章を多く書いた。

（山の文学館ＨＰより）

第六章
隆盛期の活動

1　年間活動

縦走登山が主流だった

大学ワンダーフォーゲル部の活動は、自分たちでテント、寝袋、食糧、燃料などを担いで行く縦走スタイルの登山と合宿が主体となっている。活動の基本は、山や自然を楽しむものだとされており、山を崇め、山に祈り、山を労わり、山を愛する諸活動が、年間計画の基本となって、山国である日本の伝統文化として発展してきたとみてよい。

活動計画の基本は、部員が全員参加で行う縦走登山と合宿とされている。合宿は部の公式行事であり、全員参加が原則となっていた。

登山合宿は、部活動（団体生活）によって部員相互の助け合いや励まし合いなどの協調性を体験し、部員相互に人格を磨き合うことに大きな意義があるとして、すべてのワンダーフォーゲル部において部員養成の基本行事となっていた。

登山活動は、山小屋の使用を禁止して、テント宿泊を基本としていた。

各ワンダーフォーゲル部が試行錯誤して作り上げてきた年間活動計画は、次第に後続のワンダーフォーゲル部にも浸透してゆき、その完成度を高めていったのである。

年間活動の模様

現在、多くの大学ワンダーフォーゲル部が採用している年間活動の実例を紹介してみよう。

一年間にほぼ一〇回程度の合宿を行っている部が多い。これらのほかにＰＷ（パートワンダリング・パートワンデルング）が随時行われている。

表 11　年間活動の例

	明治大学	大阪大学	金沢大学
4 月	新人歓迎ハイキング	新人歓迎ハイキング	新人歓迎ハイク①
5 月	新人養成合宿	新人歓迎合宿（1 泊 2 日）	新人歓迎ハイク② 新人トレーニング
6 月	初夏フリー合宿	一次予備（1 泊 2 日） 初夏 PW 二次予備（1 泊 2 日）	結団式 トレーニング山行①
7 月		夏祭り	トレーニング山行②
8 月	夏合宿（学年引き継ぎ） リーダー養成合宿（3 年）	三次予備（2 泊 3 日） 夏合宿（6 泊 7 日）	夏合宿（5 泊～ 9 泊）
9 月	正部員養成合宿（2 年）	夏 PW	
10 月	ワーク合宿（山荘整備）	山小屋 W	小屋作業
11 月	秋合宿	秋合宿 リーダー養成	冬合宿
12 月	山荘年末解放	クロスカントリーレース	
1 月			雪上訓練
2 月	山荘スキー	冬 PW（OB と一緒に）	
3 月	春合宿	春合宿	春合宿

各大学のワンダーフォーゲル部ホームページより作成．2015 年 5 月閲覧．

表11に示すように呼び名は異なるが、ほとんどのワンダーフォーゲル部においては夏期合宿を基本とする活動形式を固定化して、伝統的に活動を継続している。

明治大学ワンダーフォーゲル部のリーダー養成合宿は、遭難事故発生の反省から企画され、一九五六（昭和三一）年に始まった。同部が企画する行事に参加するための、合同トレーニングと自主トレーニングが行われていた。新人練成や新人合宿のほかに、旧人練成合宿を行うワンダーフォーゲル部もみられた。この練成企画は、正部員養成を行いながら体力のある有資格部員を選別するという狙いもあったようだ。

次に、初期の頃の夏合宿の様子として、五五年の早稲田大学の例を紹介しよう。

夏合宿に初めてテントによる縦走形式が取り入れられた。参加者はOB三名、女子九名を含む九九名。一パーティー二〇名ほどで四パーティーに分け、約二〇張りのテントを持参して実施した。それまでの夏合宿は、大学から借りた大型のテントをベースにピストン形式で行っていた。……部の合宿は、秋合宿、スキー合宿、新人歓迎合宿、夏合宿の四大合宿が継承され、部の内部体制はしっかり固められた。

（『創立六十周年記念誌』より）

部としての公式行事（全員参加）の他に、パートワンデリング（パーワン、フリーワンなど）と呼ばれる部の拘束がない個人企画が行われた。

また多くの大学で、部員のほかに一般参加者を募って実施する公開ワンダリング（ワンデリング）や大学祭記念ワンダリングなども行われていた。

もう一つ、東京大学ワンダーフォーゲル部の活動の概要を紹介しよう。

「ワンダーフォーゲル部とは」　私達は、山をフィールドとして幅広い活動をしています。主な活動としては、普通の夏山登山をはじめ、道の無い山を登るヤブ漕ぎ、美しい渓谷を遡行していく沢登り、更に静かな銀世界にシュプールを描く山スキーが挙げられます。

我が部には一年を通じて四回の合宿と、この合宿のための準備山行が数回あり、これは部員全員が参加します。これ以外の時期は部の拘束をいうのはあまり無く、企画という形で毎週のように山行が出る中で、各自の好みに合わせて参加することが出来ます。過去には知床縦走や富士山スキー滑降、葛根田川遡行など、個人やサークルでは行けない、バラエティーに富んだ数多くの企画が出ています。

（東京大学公式ＨＰ「ワンダーフォーゲル部」より）

右の例は、個人の自由度が多く、登山活動を中心として伝統的な活動を続けているワンダーフォーゲル部の姿である。

活動制限

積雪期登山と岩登りを公式活動から除外するワンダーフォーゲル部が多い。

また、ピッケル、アイゼンの使用を原則的に禁止するワンダーフォーゲル部があった。部規則にこの旨を定めた大学もあった。

全日本ワンダーフォーゲル連盟が一九六一年に行った調査によると、対象となった六〇部のうち、ピッケルの使用を部として認めていたのは大阪経済大学、関西大学、成城大学、東京大学、東京工業大学、東京薬科大学、同志社大学、広島大学、明治学院大学、早稲田大学の一〇部であった。

このほかの五〇部においては、公式行事での使用は禁止して個人使用は可とするワンダーフォーゲル部が多かった。

海外登山

海外への合宿旅行を行うワンダーフォーゲル部もあった。まだ返還されていなかった沖縄への合宿旅行が続いた。一九六〇年の東京大学、六一年の中央大学、六二年の福井大学、六三年の横浜国立大学などの沖縄合宿であった。

これらのほかに、六四年の法政大学（ニュージーランド）、六五年の大阪大学（西ドイツ）などがあった。多くの大学ワンダーフォーゲル部が、二〇周年や三〇周年記念行事として、OB会の支援によって海外遠征登山を行っていた。

合宿の時代変遷

「合宿の開始から終了までの流れ」が大阪大学ワンダーフォーゲル部の『ワンダーフォーゲル部50年史』のなかに残されている。

OB・OGの諸氏が、それぞれが経験した合宿を思い出しながら一読されると、種々の想い出がよみがえるのではないだろうか。

同部が、夏山などの代表的な合宿について、OB・OGからアンケートによってまとめた回顧文であり、それぞれの時代の特徴がよくわかるようにまとめられている。

では、活動の変遷をかいつまんで紹介してみたい。

一、合宿開始まで

創部から二年後の一九六〇（昭和三五）年頃には、合宿前に現地調査・実地踏査が行われていた。近年は情報も比較的容易に得られるようになり、登山道の整備状況もかってよりよいことから合宿前の現地調査は行われていない。…

企画書がL会に提出されると、リーダーと企画者にて企画審査、L項審査が行われ、L項が完成する。…

審査のための一泊ミーティングはよくあることだった。…

大きな合宿前には、パーティー間の親睦を深めるために飲み会も行われた。一九九七年度からはこの飲み会が定例的に行われるようになった。…

合宿直前になるとOBさんから多くの差し入れがあり、代表格はスイカだった。アルコールの差し入れだけは法度。…

当時は夜行出発が当たり前で、これがまたよく混んだ。

二、行動中

厳しい山の中では、食べることがことのほか楽しみとなる。多くの代では行動中の食べ物はまとめて、必要時に配布知る形式をとっていた。最近は、各自が自分のペースに合わせて食べることが重視され、二〇〇二年度には完全に各自が食事を持つという形式に変わった。…

七三年度ではカンパン、クラッカー、クッキーのようなもの、軽量化山行ではカロリーメイト（一九八八年度の頃）、長期合宿では半分はカロリーメイト（二〇〇三年度）、夏合宿では雪渓に着くごとにジュースの素をきれいな雪と一緒に食べていた(六七年度)、スポーツドリンクなど(八七年度）が一般的になっていった。

三、ワーク

サイト地到着後のテント設営と夕食が夜ワーク、起床から出発までの朝食と片付けとパッキングが朝ワークと呼ばれ、これらを的確にこなす技術は新入部員が最初に覚えなければならない事柄だ。

四、合宿中の規則

朝は暗いときから行動していた(一九七六年度)、キジ打ち（トイレ）は穴を掘るための携帯用折りたたみ式スコップを持ち出すので、誰が行っているかがわかったが、今は必ずリーダーに告げる必要があり、夜中に行くときも帰ってきたときもパーティーのリーダーに告げる必要がある(二〇〇三年度)、睡眠の際はリーダーが一番奥に、二年生が入口寝る慣例は以前も今も変わらない、マキ拾いは必ずペアで行く。

五、合宿後

ごく初期のワンゲルは活動を模索していた時期であり合宿後は何も行っていなかった。…

ファイアーは六七年度までは夏合宿と春合宿を分散集中形式で行い全パーティーが下山後に集合して行っていたが、七八年度あたりから行われなくなり、七八年度からは山荘が出来たので新歓合宿後に行われるようになった。二〇〇四年度からは完全に離れた。

六、打ち上げ

合宿後の打ち上げは六七年度頃から行われるようになり、現在はすべての合宿とＰＷにおいてテントや居酒屋などで行われるようになっている。

合宿の流れのなかにも、このような時代による変化があった。

多くの大学ワンダーフォーゲルでは部では、大量部員時代には部員を班や隊として分けて行動していた。分散・集中形式と呼ばれる形式が実施され、複数の班（隊）が別々の登山口から登り、最後に決められた地点に下山して集合して、最後には全員で合宿が行われることが多かった。

活動方針の変化

大学によって活動方針や活動内容が区々であったが、活動方針を大まかに区分すると次の三つに分けることができるようだ。

一、登山を通じて自然に親しみ、人間的な結合を目論むもの

二、登山を通じて心身の鍛練を主な目的とするもの

三、自然に親しむことを主眼として、登山に限らず手段を多様化するもの

近年の価値観の変化と、伝統行事の減少によって、部の運営方針にも変化が進んでいる。

年間活動計画が伝統的に継続されない限り、時代の変化と共に学年ごとの部員の交代によって紆余曲折を経ることになる。

横浜国立大学の「ワンダーフォーゲルの歴史年表」から、要約して活動の変遷の跡をたどってみよう。

一九五七年に創立し、三年間が草創期。六六年までの七年間がワンゲル理念追及期で、ワンゲル理念追及のムードが高まり、地域踏査と相互理解を基本方針としたが、山派と里派（理念追及派）の対立が深刻化した。

次の四年間は混乱期と区分され、里派が退部、小屋建設、大学紛争・大学閉鎖による休部、無届山行の増加。続く六年間は登山技術追及期で、合宿派とＰＷ派の対立が深まり夏合宿は行わず、冬山訓練を始めて行い、沢登りを始める、とある。

一九七七年から一九九六年までの二〇年間が安定期で、合宿中心で活動することを部規則に明記、アイゼンピッケル全面使用禁止、安全第一の活動方針を掲げる、ワンゲルという集団の中での個人の確立を目標とする、などが主な出来事であった。

一九九七年以降は個人主義的活動期とされている。一九九七年に部員の半数が退部した。この年から合宿を自由参加制とする。

二〇〇一年始めて新入部員なし、女性主将誕生などがあった。

（『記録からみたＹＷＶの50年』より）

2　山小屋の建設

一九五四（昭和二九）年に、明治大学ワンダーフォーゲル部が草津白根（群馬県）に山小屋を建設した。わが国において史上初のワンダーフォーゲル部独自の山小屋であった。

在来の山岳部の山小屋とは別個に建設されたことは、大学ワンダーフォーゲル部の発展の証しを登山史のうえに刻んだ画期的な事業であった（表12）。

これまでは、山小屋といえば山岳部専用のものとなっていた時代だったのである。

大学側が山岳部とは別個のワンダーフォーゲル部山小屋の建設助成金を支出して、大学の所有としたことは、全国の大学の先例となった。

当時、体育会会長であった春日井教授の後援によるものであったと推測できる。

この山小屋建設に至る経緯ならびにその効用について、次のような記録がある。

ワンダーフォーゲル部創立の四年後、一九四〇年（戦前）から建設基金の積み立てが始められた。

四八年に終戦後第一回の夏合宿が、日光光徳牧場の学習院大学のヒュッテを借用して行われ、自前の山小屋建設への夢に火が点された。その後、山小屋建設委員会が発足、ＯＢの拠出金によって五四年に草津白根山小屋が完成した。

山小屋の建設活動は、戦後散りじりになっていたＯＢ達の結束を促し、ＯＢ会設立の原動力となるなど、ワンダーフォーゲル部の発展に大きな役割を果たした。

（明治大学『三十年のあゆみ』より）

完成した翌年から、この山小屋を基地にしたリーダー養成生合宿が七年間続けられた。リーダー養成生合宿は、八年目から新しい奥鬼怒山荘で三四年間継続された。

表12　山小屋の建設

建設年	大学名
1954	明治
1956	中央
1958	慶應義塾
1959	工学院
1960	日本（工），立教
1962	東海，立命館
1963	関西学院，関東学院，上智，天理，東京都立，早稲田
1964	青山学院（HC），**金沢**，関西，**東京**，明治学院
1965	横浜市立
1966	学習院，**名古屋**，武蔵工業
1967	**東京工業**，東京薬科，武蔵
1968	**横浜国立**
1969	**神戸**，**京都**

筆者の調査により作成.
太字は国立大学，HC はハイキング部.

明治大学に続いて、中央大学がワンダーフォーゲル部の山小屋を建設し、以後にはワンダーフォーゲル部が小屋を建設することが倣《なら》いとなった。

国立大学として最初のワンダーフォーゲル専用の山小屋を竣工させたのは、東京大学ワンダーフォーゲル部であった。

このようにしてワンダーフォーゲル部が山小屋を所有するスタイルは、大学ワンダーフォーゲルの伝統として、またわが国の登山文化として定着していった。

山小屋は、新人研修やOBとの交換合宿の基地などとしても活用されている。現役学生の年間活動計画のなかで、毎年ワーク合宿と名づけて小屋の整備を部員が行っている大学も多く見受けられる。

明治大学では、毎年一〇月にワーク合宿を行って、部員の結束をはかっている。

近年は、利用回数が減り、建物の維持管理に腐心しているOB会もある。利用回数が減少した原因は、部員の減少、合宿の回数や日数の減少、OBの利用減少などによるものであろう。

3　女子学生の進出

一九五四（昭和二九）年に女子大学では最初のワンダーフォーゲル部が、お茶の水女子大学に誕生したことは、女性だけの山の愛好家集団を目指したものとして学生登山史上の快挙であった。

女性同士で登山を楽しむという先駆者はたくさんあった。明治時代から高等女学校や女子師範学校が教師などの引率による学校登山を行っていた。また、戦前から高等女学校にはいくつかの遠足登山部、登山部、山岳部などがあった。

そして、戦後の五〇年代になると女子大学のなかに山岳部やワンダーフォーゲル部が次々と設立されていった（表13）。

その後も国の経済状態がよくなり、男女共学が普及するとともに、登山を楽しむ女性の数は増加の一途をたどってきたと思われる。

女子学生の入部に続いて、女子大学のなかにも山岳部とワンダーフォーゲル部の創部が始まった。

特に、大学ワンダーフォーゲル部が登山を愛好する女性たちに対して広くその機会を提供してきた足跡は、わが国の登山文化における大きな功績として称えられてよいものだろう。

表 13　女子の入部と女子大学の創部

西暦	昭和	ワンダーフォーゲル部	山　岳　部
1946	21		明治大学
1948	23	明治大学	
1951	26		東京大学，大阪大学，東京学芸大学，北海道大学，早稲田大学
1952	27	慶應義塾大学，中央大学	日本大学，青山学院大学
1953	28		東京教育大，**東京女子大学**
1954	29	**お茶の水女子大学**	**日本女子大学**
1955	30	**津田塾大学，東京女子大学**	
1956	31	**女子美術大学**	
1957	32	**奈良女子大学**，法政大学	
1958	33	**大阪女子大学，大阪樟蔭女子大学**	**お茶の水女子大学，東京女子医科大学**
1960	35	**日本女子大学**	

『日本女性登山史』および 筆者の調査により作成.
細字は女子部員の入部，太字は女子大学における創部.

大学における女子学生数の割合が次第に多くなり、ワンダーフォーゲル部などの体育系サークルに入部を希望する女子学生が現れはじめた。

当初は、受け入れる側のワンダーフォーゲル部が対応に苦慮したことがたくさん記されている。

山岳部に女子の大学生が入部を希望しても入部を断られていたケースが多かった。

例えば、慶應義塾大学山岳部においては一九九八年まで女性の入部は許されていなかった。山梨大学ワンダーフォーゲル部の創部経過にもみられるように山岳部の女性への門戸は硬く閉ざされていた。

五一年には早稲田大学山岳部でも女子の入部が許された。続いて、五二年に慶應義塾大学ワンダーフォーゲル部と中央大学ワンダーフォーゲル部に女子部員が入部した。

大学ワンダーフォーゲル部の記録に次のようなものがみられる。

　女子二名の入部が認められることになったのですが、合宿参加が部員の間で大分問題になりました。結局彼女たちの合宿辞退で事なきを得ましたが…。

（明治大学『六十年のあゆみ』より）

一九五七年　保健体育課長から監督が呼び出されて「即刻女子部員をクビにしなさい。軟弱であると言われているワンゲル部が一層軟弱になってしまい、体育会の名誉にかかわる」との話があった。監督は大学当局の申し入れを受けて、二名の女子部員に退部勧告した。質実剛健第一主義が残っていた時代であった。

（法政大学『創部50周年記念誌』より）

女子隊の編成

各大学のワンダーフォーゲル部では、次第に女子部員が増加するにつれて、女子隊や女子班が運営されるようになっていった。

女子隊の例は東京大学、早稲田大学、成城大学など、女子班の例は明治大学、関西大学、関西学院大学などである。

明治大学では、一九五八年に部の合宿に際して最初の女子班が独立編成され、トレーニングも独自のメニューで行った。六二年とその翌年には二つの女子班が編成された。女子部員数が最も多い時期であった。東京大学においても六二年の夏合宿で、初めて女子隊が編成された。

大学生数のうちに占める女子学生の割合は、今日では四〇％を超えているが、女子大学にワンダーフォーゲル部が生まれた当時の女子学生の割合はやっと一〇％を超えた時代であった。

表6（五二頁）に示す学生数の女子割合を参照いただきたい。

今日では、女性の主将や主務が活躍する大学ワンダーフォーゲル部もみられるようになっている。

二〇〇一年　横浜国立大学（女性主将）
二〇〇二年　福井大学（女性部長）
二〇〇五年　明治大学（女性主務・マネージャー）

4　資金集めの映画会など

　ワンダーフォーゲル部は新しく誕生した部であったため、先代から受け継ぐ部所有の財産は全くなかった。テントや炊事用器具などの団体装備、リュックサックや靴などの個人装備など一切を新規に取り揃える多額の資金ならびに部の活動費を調達する必要があった。一九五〇年代には、未だOB会も生まれていない、歩き始めたばかりの新前の集団は、部室を獲得しても、室内は空だったのである。

　購入費がかさむテントの不足については、各大学の間で貸し借りを行っていた時代であった。

　資金集めのために流行していたのが、映画会やダンスパーティーであった。

　山小屋建設資金に充てるための開催もあった。

　当時は、学生に人気が高い映画会とダンスパーティーを開催するワンダーフォーゲル部が多かった。

　山とスキーの映画を開催すればいつも満員となるいわれる時代だったのである。

　五〇年代は、テレビの放映が始まったばかりの時代であり、登山の愛好家が増加の一途をたどっていた。

　当時、人気があった山の映画にはエヴェレスト征服、白き神々の座、ヒマラヤK2征服、カラコルム、マナスルに立つ、未踏の氷壁（以上いずれも記録映画）、星と嵐（ガストン・レビュファ）、氷壁（井上靖 原作）などがあった。

　山の映画のほかに女子大生、女子高校生に好評だった「うたかたの恋」「舞踏会の手帳」「未完成交響曲」「天井桟敷の人々」などなどの上映会も、資金集めとして効果的であったという。

　映画の黄金時代といわれた頃のことである。

　全日本学生ワンダーフォーゲル連盟も一九五四年に第一回の映画会を神田共立講堂で開催した。ワンダーフォーゲルの普及活動の一環として、以後も毎年映画会を開催していた。

　ダンスパーティーも人気があった。五〇年代から六〇年代にかけてのころである。

　女子大学のワンダーフォーゲル部がホテルを会場として、プロやアマチュアのバンドを呼んで行うダンスパーティーには多くの大学生が集まった。

戦後に全国各地において多数のダンスホールが開業され、若い男女の出会いの場としてダンスパーティーが大流行していたのである。次のような記録がある。

ダンパの歴史・一九六四年の売り上げ三五〇円で、一〇三七枚、ハワイアンやポップスなどが流行。ラーメン一杯七五円の時代。

（女子美術大学の部誌より）

5　ＯＢ会の結成

大学のワンダーフォーゲル部ではＯＢ会が組織され、ＯＢ同志の交流と現役部員に対する支援を行っており、現役の部活動の継続には欠かせない存在となっている。

ＯＢ会の結成は、ワンダーフォーゲル部の大世帯化の頃からが始まった。戦後に部を再建した当時に活躍したＯＢたちが集まり始めたのである。

一九五一年に慶應義塾大学が、五三年には明治大学がワンダーフォーゲル部ＯＢ会を発足させた。六〇年に東京大学においてＯＢ会が発足した。

以降には、続々とＯＢ会の設立が始まり、今日に至るまで会員相互の親睦行事の開催、現役部員の活動に対する支援、会員名簿や会報の発行などの活動が現在も続けられている。

ＯＢ会組織を形作っているのは、登山活動などの体験を通じて体得した他のクラブよりもはるかに強い絆で結ばれている各卒業年次の同期会であると思われる。

山小屋の建設にかかわる資金調達もＯＢ会の一大事業であった。

ＯＢ会の大活躍

一九五〇年代から六〇年代にかけて早期に結成されたＯＢ会は、ワンダーフォーゲル部の共同装備品の拡充のためにに多大の援助を行った。

大学山岳部と同様に、現役部員に対する技術指導・助言や、部活動の一部にＯＢが参加するケースが多数みられる。

ＯＢ会は山小屋の建設にも欠かせない貢献を行った

が、その後の維持の仕事は各大学ともにＯＢ会の重要な活動内容となった。

　建設した山小屋の維持管理を、大学に移管した部もあるが、ＯＢ会が苦労を重ねながら管理している例もみられる。

　近年のＯＢ会活動の動向は、長年にわたって会の運営面を担って来た創部当時のＯＢが高齢化しつつあることと、ＯＢ会が歴史を重ねたことより年代層が幾重にも重なって来たことなどによって、運営がやや複雑化しているように見受けられる。

　全学のＯＢ会とは別に、同年次卒業ＯＢ同志の交流は親密に行われている例が多い。

　日本の大学におけるスポーツは、ＯＢ・ＯＧたちが現役を支える組織を持っているという点で、世界中に類例がない文化だといわれている。

　これは、スポーツを行う現役大学生が多くの先輩たちとの交流を通じて人間関係の輪をさらにひろげているというわが国の特有の伝統であり、大切にすべき学生の文化だと思われる。

　最近の動きのなかでは、ＯＢ会が単なる老後の懇親会としての機能しか果たしていないといわれているものもある。

部員番号制度

部員番号を伝統的に運用している大学がある。バックルナンバー制度などとも呼ばれている。

　明治大学、山梨大学、慶應義塾大学などにみられる制度である。

　創部以来の入部順に番号が付与されて、部員バッジや部員バックルの裏面にそれぞれの部員番号が刻印されるなど、同年次の部員やＯＢ同士の団結を確かめ合う称号として、伝統的に使われているようだ。

ＯＢ会報

ＯＢ会報を発行して、ＯＢ・ＯＧどうしの親睦をはかっているところが多い。

最近では、インターネット上に、現役の部のホームページと連結してＯＢ会のホームページを作成し運営している会が増加している。

また、会報を電子化して会員に送信して、会費の徴収を取りやめたOB会もある。

OB会報には、次のようなものが発行されている。

大阪大学　「OB会便り」
お茶の水女子大学　「いわひばり」
金沢大学　「やまざと」
慶應義塾大学　「ふみあと」
埼玉大学　「山恋い」
中央大学　「盛鳥」
東京歯科大学　「山の紳士」
東京工業大学　「会報」
東北大学　「会報」
姫路工業大学　「会報」
福井大学　「OBだより」
法政大学　「だけかんば」
三重大学　「WALK」
明治大学　「薫風」
山口大学　「鳳翩」
横浜市立大学　「鴎嶺会会報」
早稲田大学　「会報」

6　部報と部誌

部報の発行

戦後の草創期から一九六〇年代の前半にかけて、ワンダーフォーゲル部の機関誌として「部報」の発行が普及した。

各大学ともに、設立後一～三年のあいだにすべてのワンダーフォーゲル部が部誌を創刊して発行を続けていた。

部誌は、部員数の増加に対応するための連絡事項の伝達とあわせて、他大学ワンダーフォーゲル部との情報交換を目的に、その多くが月刊として発行された。

初期にはガリ版刷りも多かった。

部報名には次のようなものがあった。

金沢大学　『Bergheim』
関西学院大学　『せせらぎ』
慶應義塾　『山彦』
中央大学　『がんた』

東京大学　　『わんでる』
法政大学　　『サスライ』
東京都立大学　『アルバトロス』
明治大学　　『漂雲』
早稲田大学　『彷徨』など

発行していた部数は、五六年当時の連盟機関誌に、次のように紹介されている。

明治大学、慶應義塾、中央大学　各四〇〇部
早稲田大学　三〇〇部
日本大学　二五〇部
立教大学、東京大学、法政大学　各二〇〇部
明治学院大学　一五〇部

ほとんどのワンダーフォーゲル部が、部報とは別に「部誌」を発行していた。年刊または季刊として、部報とは異なる名称をつけていた。

旧制高校や大学の山岳部の多くが大正時代後半から昭和時代の初期にかけて発行していた部誌発行の文化にならったものと思われる。

最初の大学ワンダーフォーゲル部誌が発行されたのは戦前のことである。

慶應義塾大学ワンダーフォーゲル部が三七（昭和一二）年に発行した『ワンダーフォーゲル会誌』が、最初のものであった。これに続いて明治大学ワンダーフォーゲル部が『Wander Vogel』を発行した。ともに戦後も継続して発行された。

戦後の五一年に、中央大学と早稲田大学のワンダーフォーゲル部が、創部と同時にそれぞれ部誌を創刊した。

部誌の発行は大学ワンダーフォーゲル部活動の通例となり、他の大学ワンダーフォーゲル部との交換が広く行われていた。

部誌の主な内容は、前年度の年間活動報告ならびに主な企画の詳細な記録、参加した部員の氏名と共に感想や随想が掲載され、併せて今年度の方針や計画が記されていた。

これほど多人数の氏名とその行動が克明に書かれた記録集は類例が少ないだろうと思われる。巻末には、

必ず部員名簿とＯＢ・ＯＧ名簿が登載されていた。

部員相互の感動の記録集であり、自由な集団である山仲間どうしの熱い青春の記録は、同年次の仲間たちとの太い絆を物語る貴重な記録でもあるだろう。

それぞれの時代の学生登山の全貌をうかがい知ることができる実録であり、第一次資料の類としても貴重なものである。

定期発行（主として年刊）は六六年頃まで続いていたが、年を追うごとに隔年発行や不定期発行が増加してゆき、休刊となった部が多い。

創部が古い一部の大学ワンダーフォーゲル部では、現在も部誌の毎年度発行が続けられている。明治大学、慶應義塾大学、東京大学の各部などである。

部誌が当該大学の図書館に収蔵されている例は少ないようだ。いくつかの大学のワンダーフォーゲル部室において部誌・部報などの保管状況を見る機会を得たが、保存状態はあまり良くないように見受けられる。是非とも所属大学の図書館への移管または贈本をすすめたい。

近年ではＯＢ会が部誌の収集を行って、電子記録としての保存を始めている例が増加している。

創刊以来のすべての部誌をインターネットを利用してＯＢ会員に公開している部や、ＣＤなどの媒体を利用してＯＢに配布している部もある。

懐かしの部誌名

筆者の調査によって判明した、各大学ワンダーフォーゲル部の部誌名を紹介しよう。ＯＢ・ＯＧ諸氏の想い出のよすがとなれば幸いである（大学名アイウエオ順）。

〔国立大学〕
岩手大学　『あゆみ』
宇都宮大学　『嶺雲』
愛媛大学　『与茂駄』
大分大学　『志高』
大分医科大学　『空飛ぶキャベツ』
大阪大学　『霧』
大阪外国語大学　『VIATOR』
大阪学芸大学　『踏み跡』

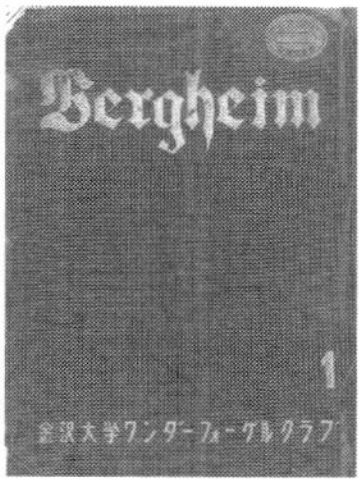

金沢大

学習院大

お茶の水女子大

大阪大

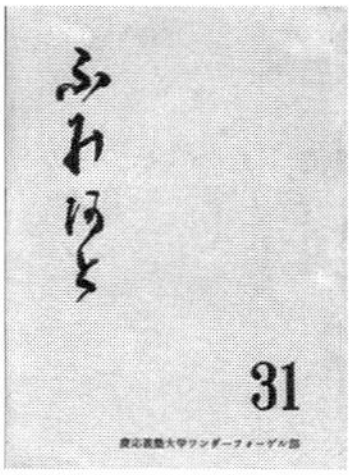

慶應義塾大

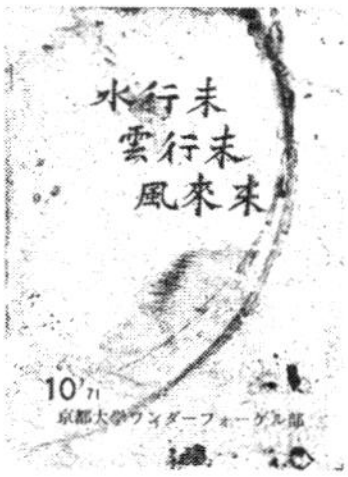

京都大

九州大

関西学院大

さまざまな部誌（その**1**）

お茶の水女子大学　『アルペンローゼ』
鹿児島大学　『屋久島』
金沢大学　『Bergheim』
九州大学　『峠』
九州工業大学　『CAIRN』
京都大学　『水行末雲行末風来末』
京都学芸大学　『足跡』
京都工芸繊維大学　『きうま道』
熊本大学　『小路』
高知大学　『歩荷』
神戸大学　『六甲育ち』
埼玉大学　『雲採』
島根大学　『楽水楽山』
東京大学　『山路』（現在は『ETWAS』）
東京学芸大学　『雪笹』
東京外国語大学　『アルペン』
東京工業大学　『つばくら』
東北大学　『報告』
徳島大学　『きゃらばん』
徳島大学（医・薬）『わんげる』

玉川大

成城大

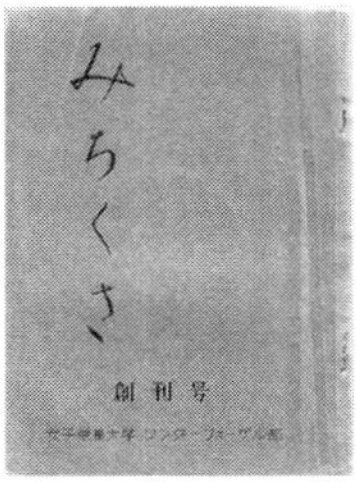

女子栄養大

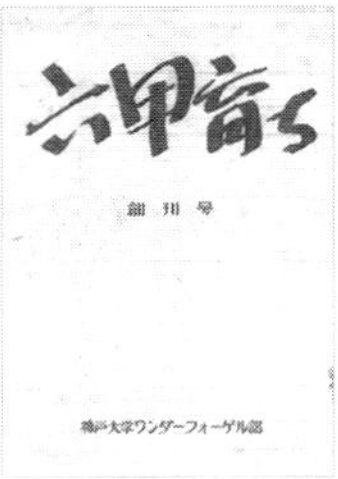

神戸大

東京都立大

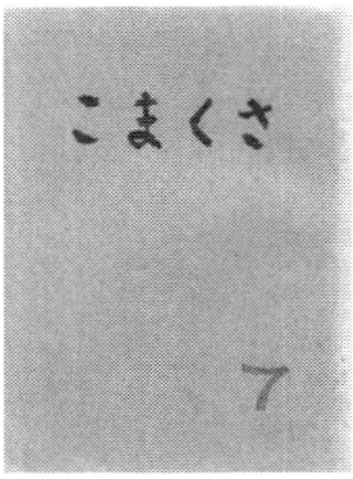

東京女子大

東京工業大

東京学芸大

さまざまな部誌（その**2**）

鳥取大学　『バルハン』
名古屋大学　『道祖神』
奈良教育大学　『彷徨』
奈良女子大学　『すばこ』
新潟大学　『飯豊』
一橋大学　『頂』
弘前大学　『遊鳥』
広島大学　『どんこ』
福井大学　『渡り鳥』（『ろくしょ』）
北海道大学　『道標』
北海道大学（水産）　『蒼海』
三重大学　『なため』
宮崎大学　『路』
室蘭工業大学　『蘭岳』
山形大学　『連』
山形大学（文理）　『わたりどり』
山形大学（工）　『兵子』
山形大学（農）　『巌流』
山口大学（工）　『ときわ』
山口大学（農）　『巌流』

明治大

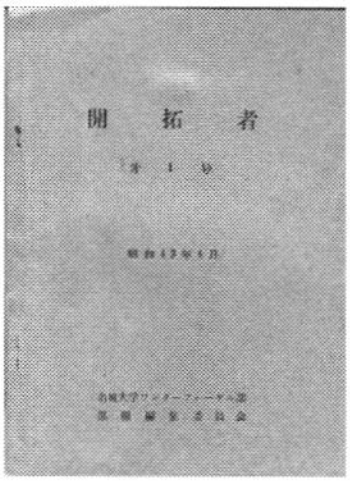

名城大

東北大

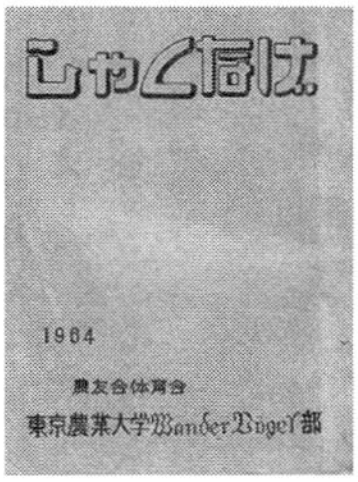

東京農業大

全日本連盟誌

早稲田大

山形大

山梨大

さまざまな部誌（その3）

山口大学（本）　『鳳翩』
山梨大学　『甲斐嶺』
横浜国立大学　『SKYLINE』
琉球大学　『南風』

［公立大学］

大阪市立大学　『径』
大阪女子大学　『ラテルネ』
大阪府立大学　『たをり』
北九州市立大学　『とり』
京都府立西京大学　『漂』
札幌医科大学　『蝦夷』
東京都立大学　『乗越』
姫路工業大学　『白露』
兵庫農科大学　『やまざる』
横浜市立大学　『峠』

［私立大学］

愛知学院大学　『ちやす』
愛知淑徳大学　『くつおと』
大阪経済大学　『ケルン』
大阪工業大学　『山塊』

大阪歯科大学　『シルヴァ』
沖縄大学　『渡り鳥』
大阪樟蔭女子大学　『かりがね』
学習院大学　『紫峰』
神奈川大学　『どろぐつ』
関西大学　『千里』
関西学院大学　『溪聲』
関東学院大学　『さんが』
九州産業大学　『鳥魂』
近畿大学　『草枕』
熊本商科大学　『漂泊』
慶應義塾大学　『ふみあと』
工学院大学　『泥汗』
甲南大学　『そんぶれろ』
國學院大学　『野づら』
芝浦工業大学　『牛歩』
芝浦工業大学（二部）『部報』
上智大学　『はばたき』
女子栄養大学　『みちくさ』
女子美術大学　『草鞋』

成蹊大学　『石楠花』
成城大学　『HORN』
西南学院大学　『路』
専修大学　『熊笹』
玉川大学　『Dorsum』
千葉工業大学　『いしがき』
中央大学　『渡り鳥』
中央大学（二部）『ほだび』
津田塾大学　『やまなみ』
天理大学　『WOLKE』
東海大学　『ななかまど』
東京経済大学　『くぬぎ』
東京歯科大学　『蒼雲』
東京女子大学　『こまくさ』
東京電機大学　『雁』
東京農業大学　『しゃくなげ』
東京薬科大学　『みちくさ』
同志社大学　『あし』
同志社大学（二部）『みちくさ』
東北学院大学　『めっこめし』

東洋大学　『ランペ』
東洋大学（二部）　『あしあと』
名古屋学院大学　『みち』
名古屋女子大学　『さわらび』
名古屋商科大学　『とち』
日本大学（工）　『くさはら』
日本大学（医）　『まいまいつぶろ』
日本大学（歯）　『道標』
日本工業大学　『ふるさと』
日本女子大学　『歩っ歩』
広島修道大学　『旅鳥』
福岡大学　『指標』
法政大学　『雲海』
北海学園大学　『北彷』
星薬科大学　『さすらい』
武蔵大学　『跋渉』
武蔵工業大学　『かたつむり』
明治大学　『Wander Vogel』
明治学院大学　『ヤッホー』
名城大学　『開拓者』
立教大学　『いろりび』
立命館大学　『漂雲』
早稲田大学　『彷徨』　など

7　地域研究・地域活動

異色の活動として紹介しておきたいものは、地域研究と地域開発である。

地域に関する調査を年間活動のテーマとして定め、その成果を報告・発表していたものである（数字は発行年）。

香川大学ワンダーフォーゲル部
『讃岐山の旅・紹介コース』一九六八
『讃岐山の旅』一九七五
中央大学ワンダーフォーゲル部
『奥会津の山と人』一九六七
広島修道大学ワンダーフォーゲル部
『旅鳥・広島の山歩き』一九八三

福井大学ワンダーフォーゲル部
『福井の山と半島』一九七〇初版発行、
一九八五に三訂版発行
明治大学ワンダーフォーゲル部
『西上州─関東の秘境』一九六二
『奥南会津』一九六八
『奥会津─奥鬼怒への道─』一九七三
琉球大学ワンダーフォーゲル部
『南海の秘境「西表島」』一九七二

次に、地元の登山道の開拓・整備や清掃登山などの事例を各部の周年誌などから紹介しよう。

日本大学工学部ワンダーフォーゲル部
五五年七月の洞窟探検活動中に奥多摩・青岩鍾乳洞に新洞窟を発見する記録を残した。
金沢大学ワンダーフォーゲル部
六二年に白山の登山道・湯谷新道（白峰村から室堂に至る）を開鑿した。ワンゲル道と呼ばれていた。

関西大学ワンダーフォーゲル部
六二年と六三年の春季活動として台高山脈縦走路（大台ヶ原～高見山の間）を開拓し、標識を設置した。
早稲田大学ワンダーフォーゲル部
七〇年から七二年にかけて「黒部渓谷鐘釣地区の鍾乳洞の探検・調査」を行い、その後の学術調査の結果、ニホンザルの穴場として注目を浴びた。
山形大学ワンダーフォーゲル部
七〇年頃から朝日連峰の清掃登山が毎年恒例の企画として二泊三日程度で続けられていた。
東北学院大学ワンダーフォーゲル部
七六年に同部員が創部二〇周年を記念して、泉ヶ岳の山頂に方位盤を設置した。その後、二〇一三年にOB・OG会が更新設置作業を行った。
同志社大学二部ワンダーフォーゲル部
山小屋があった八丁平（京都北山）の高層湿の林道建設工事に異議を唱えて七九年に京都市議会に対して慎重審議を請願したことから八丁平

の自然環境を保護する運動が広がり、京都市は九二年に建設中止を決定した。同ワンダーフォーゲル部が、大きな運動の端緒を開いたのであった。

天理大学ワンダーフォーゲル部

大峯奥駈け道と台北山脈の主要ルートに、ブリキ板の道標を設置した。近畿日本鉄道の後援によるものであった。

西南学院大学ワンダーフォーゲル部

背振山系の登山道に道標（六六年に六六本、二〇〇八〜一〇年に五五本）を設置した。

これらのほかに、清掃ワンダリング、清掃登山、清掃合ワンなどが、大学ワンダーフォーゲル部や各地の学生ワンダーフォーゲル連盟によって行われていた。

8　盛んだった合ワン

複数の大学ワンダーフォーゲル部との合同山行のことを、「合同ワンデルング」と呼び、あるいはこれを略して「合ワン」と呼んでいた。一対一で行うものは、「VS合ワン」と略称されていた。

合同ワンデルング（以下、合ワン）は、近隣の大学どうしで行うものが多く、これと併せて地域の連盟が企画する大規模なものもあり、大学ワンダーフォーゲルの全国への普及に大いに貢献した。

最初に行われた合ワンは、戦前の全日本学生ワンダーフォーゲル聯盟が行っていた三大学によるものであったが、時局に応じて歩行運動に組み入れられ、戦争の激化と共に消滅した。

戦後の草創期始まった全日本学生ワンダーフォーゲル連盟の合ワンは、関東地区の大学ワンダーフォーゲル部による合ワンであり、その主な目的は、他大学との交流を通じた情報の交換であった。

連盟合ワン以外に個別の大学が行っていた合ワンの例を紹介しよう。（　）内は、初期の参加大学名である（順不同）。

四大学合ワン（明治大学、慶應義塾大学、中央大学、日本大学）

この四校が一九五八年から始めた合ワンは、定期合ワンの代表的なものとして注目されていた。
　初期の頃に参加したメンバーの回顧録には次のように記されている。

　それぞれのためし合いの感もあり、選抜された者はお互いにそのことを意識しながらも楽しく交流をはかりました。
（明治大学『六〇年のあゆみ』より）

神奈川県連合 合ワン（横浜国立大学、横浜市立大学、関東学院大学、神奈川大学）
四大合ワン（学習院大学、成蹊大学、成城大学、武蔵大学）
四大学合ワン（関西学院大学、関西大学、同志社大、甲南大学）
四校合ワン（女子美術大学、工学院大学、上智大学、東海大学）
東北合ワン（東北大学、東北学院大学、東北薬科大学、岩手大学、山形大学）
名阪合ワン（大阪大学、名古屋大学）
在阪国公立大学合ワン（大阪大学、大阪府立大学、大阪市立大学、大坂女子大学、大阪外国語大学、大阪教育大学）
関西女子合ワン（神戸大学、大阪女子大学、大阪樟蔭女子大学、関西学院大学、大阪学芸大学、甲南大学、関西大学）
東海合ワン（名古屋大学、南山大学、愛知学院大学、岐阜大学、三重大学、愛知大学、愛知工業大学、愛知県立女子大学、岐阜薬科大学）
三愛合ワン（愛知学院大学、愛知大学、愛知工業大学）
北陸三大学合ワン（福井大学、金沢大学、富山大学）
中四合同ワンデリング（島根大学、徳島大学、愛媛大学、岡山大学）
府大合ワン（東京都立大学、大阪府立大学、京都府立西京大学）
学芸系合ワン＝後に、教育系合ワン（東京学芸大学、愛知学芸大学、大阪学芸大学、京都学芸大学）
外語大合ワン（東京外国語大学、大阪外国語大学）

右のように各地で盛んに行われていた合ワンは、ワンダーフォーゲル部が普及するにつれて、次第に交友趣向のものが増加した。

この背景には、大学の増設に伴う数多くのワンダーフォーゲル部の設立や、女子大学ならびに女子学生が多い短期大学のワンダーフォーゲル部創設などがあったものと思われる。

当時は、大学生に占める女子学生の割合が現在よりもはるかに少なかったため、多くの大学が積極的に女子大学ワンダーフォーゲル部との合同ワンデリングを企画し実施していた。

合ワンの流行が進むにつれて、各ワンダーフォーゲル部のなかでは、連盟行事や合ワンなどは部の活動にとって負担が重すぎるとの意見や批判が出始めていた。

六二年ころから、国立大学をはじめとして連盟からの脱退が始まっていた。

合ワンが大規模化して参加大学の数が増加するにつれて、当番校となった部員たちの負担が非常に重くなっていたのである。

企画、連絡、打ち合わせ、キャンプ場設営関連作業などなどが多くなるために、部内活動にも支障をきたすケースが多かったようだ。

女子美術大学のワンダーフォーゲル部誌からエピソードを紹介しよう。女子大学や女子学生が少なかった一九五〇年代から六〇年代にかけての光景である。

「交流」の最大の魅力は男性とお知り合いになるコト、ではないだろうか。女性だけで活動することの魅力は大きいが、せっかく学生やっているんだからおしゃれもしたい、男の子ともお付き合いしてみたい。だから合ワン＝合コンの要素は強い。だけど「交流」、それだけではありません。

…

時代とともに加盟している大学の考え方・活動内容も大幅に変化していき、「登山」に力を入れていった大学の多くは脱退していくことになる。

合ワンの集結場所が女子美で、広場で装備や食料を分配していた。女子大学の校内に、男女混合の大勢の集団がいたため、大学の先生と学生課の人が「男女でテントに泊まるのか?!」とすっ飛んできた。その場は一瞬シーンとなり、「別々です」と女子美の学生が答えて事なきを得た。実際にはそんなことは嘘っぱちで、一緒に寝起きを共にしていたのだけれど。

（「他校との交流」『草鞋』二九号より）

ユニフォームとワッペン

ユニフォームとワッペンが、一九六〇年代あたりまで流行した。各部の誇りの象徴（紋章）であった。

この当時、ユニフォームはワンダーフォーゲル部に限らず大流行した時代であった。社会人のスポーツ団体などにおいても流行していた。

スポーツ用品店で販売されていたハイキングシャツに、団体のマークを付けてユニフォームを制定して着用する山岳部や登山団体が多かった。

お茶の水女子大学ワンダーフォーゲル部では、五九年の合ワンの折に東京工業大学のものを見て、わが部にも、ということになって作成したというエピソードがある。

全日本学生ワンダーフォーゲル連盟が六二年に行った調査では、調査対象六五校のうち、四四校がユニフォームを制定しており、制定なしとする大学が九校、不明が一二校であった。ユニフォームを嫌ったのは、国立大学に多かった。

大学ワンダーフォーゲル部は、例外なくローマ字の部名の略号を使用していた。ワッペンを山岳部などと同様に、略号を紋章としてキスリングやユニフォームに縫い付けて行動することが流行していたのである。各部の誇りの象徴であった。

先輩格の山岳部はＡＣ（Alpine Club）を使用して、ＫＵＡＣ（京都大学山岳部）、ＫＡＣ（慶應義塾大学山岳部）などとしていた。

ワンダーフォーゲル部はＷＶ（Wnder Vogel）として、ＮＵＷＶ（名古屋大学）、ＭＵＷＶ（三重大学）、ＦＵＷＶ（福井大学）、ＹＵＷＶ（横浜市立大学）、ＴＭＵＷＶ（東京都立大学）などと名づけて使用していた。現在も現役やＯＢ会において使用されている。

同じ時代には、部旗を掲げる光景が多く見られた。

周年記念誌などに採録されている集合写真などには部旗を掲げている光景をたくさんみることができる。

合同ワンデリングの写真にも部旗が翻っているものが多い。それぞれの連盟旗も作られていた。

大きなキスリングを背負ったユニフォーム姿の集団が山道をゆく姿は、この時代のワンダーフォーゲル部の象徴的な光景だった。

ファイアー

合ワンや夏期合宿では、キャンプが非常な人気を集めていた。全国に流行していた大学ワンダーフォーゲル部のキャンプ行事は、おおよそ次のようなものであった。

開会、歌（遠き山に日は落ちてなど）、点火の詞、点火、歌（燃えろよ燃えろよなど）、営火、歌、スタンツ、歌、閉会」というものが一般的であり、ファイアーキーパーの役割として準備、営火、後始末などがあった。

次のような参加者の記録がある。

久しぶりの再開、お互いの隊の苦労話にひとしきり花を咲かせた後、上級生は合宿のフィナーレであるスタンツに向けて作戦会議を開く。夕飯が済み、日が落ちると、キャンプファイアーの周囲にはヘッドランプを点けカップを持った部員たちが三々五々集まってくる。夢の舞台の開幕。原始の炎に赤く照らし出された顔と顔。まきの燃える匂いが合宿最後の夜をノスタルジックに演出する。

（『ＴＷＶ50年』より）」

大学ワンダーフォーゲル部のキャンプは、戦後の青少年の野外教育に取り入れられた米国式の組織キャンプの影響を強く受けていたといわれる。

大学ワンダーフォーゲル部の部員が、青少年キャンプなどに指導者として招かれていたケースは、ファイアーキーパーとしての役割を買われていたものが多かったようだ。

キャンプソング

合同ワンデリングや夏期合宿では、キャンプソングが非常に人気を集めていた。

全国に流行していた大学ワンダーフォーゲルのキャンプ行事はおおよそ次のようなものであった。

合ワンの場合は、各大学の部員が班ごとに分散して他大学と交流すべく大テントに合宿し、キャンプファイアーを囲んでキャンプソングといわれた歌を合唱し、スタンツと呼ばれた寸劇をグループごとに披露し合うのがほぼ定例となっていた。

青少年団体のキャンプにおいても、合宿の最終日にキャンプファイアーを囲んでキャンプソングを歌うことが、定型として流行していた。

一九五〇年に明治大学ワンダーフォーゲル部が『キャンプソング・第一号』を発行した。キャンプソングを集めた歌集を編纂し発行するワンダーフォーゲル部が続いた。

大阪大学ワンダーフォーゲル部は『銀杏』という歌集を幾代にもわたって発行していた。

全日本学生ワンダーフォーゲル連盟も『歌集』を発行していた。『WANDERUNG SINGEN』(一九六六年発行)は、一六六頁に約二〇〇曲が収められており、往時のワンダーフォーゲル部員たちが肩を組みながら唄った「山のうた」の総集編ともみられる。

山の歌が流行していた当時は、歌集も山の装備品とされていたようだ。一九六〇年代には各大学ともに部員が急に増加したため、より多数の歌が唄われるようになった。

自然の懐のなかで、ファイヤーを囲んで高らかに合唱する開放感や連帯感が参加者の関心をとらえていたのであろう。

トレーニング中や合宿テントのなかで、歩きながら、あるいは集結地や駅頭などでよく歌われていた。

替え歌もよく唄われた。憂さ晴らしとしての効用もあったようだ。

歌われる曲目も時代と共に変化していった。

皆で解放感を味わいながら蛮声をはりあげていた時代から、グループサウンズへ、フォークソングへ、とその時代を映した人気の歌が変わっていった。

キャンプソングと共に旧制高校や旧制大学などから

伝わった逍遥歌や寮歌などが歌われて、伝統が受け継がれてきた大学も多い。

京都府立大学のワンダーフォーゲル部ＯＢ会・鴨漂会は、二〇〇八年に創部五〇周年記念誌の付録としてＣＤ「山の歌」（八四曲）を発行している。

早稲田大学のＯＢ会・稲門ワンダーフォーゲル会は、七五年に創立二五周年記念『渡り鳥歌集』として山の歌のヒットソングを集めて発行し、二〇〇九年にはＣＤ「若き日の山の歌」を発行した。

近年は、山の歌が唄われなくなっているようだ。

スタンツ

スタンツという一種のゲームも大流行していた。大勢で行う合宿などで行う隠し芸や寸劇である。各班や学年による創作出し物で、同じ班や学年などに所属した全員が役割を分担して演じるものが多かった。

キャンプファイアーや宴会などの場で披露された。

伝統の出し物（定番ものなど）が受け継がれていた大学ワンダーフォーゲル部もあった。グループ意識を高めるための儀式という側面もあったのである。それぞれの時代に演じられていた各場面を思い浮かべるＯＢ・ＯＧ諸氏も多いだろう。

スタンツの発祥地は米国だといわれており、日本においては、ボーイスカウトやＹＭＣＡの集団活動から広がったものだとみられる。当時のユースホステル運動においても流行していた。

部歌

部歌は、往時に活躍した部員諸氏の作詞や作曲になるものが多い。合作によるものや、部内で歌詞が追加されたり変更されたものもあるようだ。

ワンダーフォーゲル部の「部歌」として唄われていたものには、次のようなものがある（大学名五十音順）。

青山学院大学　「ハイキング部の歌」
岩手大学　「部歌」
大阪外国語大学　「部歌」（田中健次・詞曲）
大阪学芸大学　「山恋」
大阪市立大学　「部歌」（南直昌・詞、曲）

お茶の水女子大学　「放浪の歌 Wander Lied」
（志田 麓・訳）
学習院大学　「遥かなる友に贈る歌」
（村瀬基之・詩、佐久間貞義・曲）
神奈川大学　「山の男が恋した奴は」
（斉藤陽文・詞、長谷川悦男・曲）
〃　「山の先輩」
（工藤綾子・詩、長谷川悦男・曲）
関西学院大学　「関学・ワンダーフォーゲル讃歌」
（西巻昇一・詞、北部守健・曲）
慶應義塾大学　「部歌」（倉上・曲）
札幌医科大学　「ぼくらの故郷」
女子美術大学　「白いラッセル」
信州大学　「山の友へ」（三沢雅子・曲）
西南学院大学　「部歌」（坂田芳徳・詞、曲）
中央大学　「おいらワンゲル」（上坂茂男・詞、曲）
電気通信大学　「部歌」
東北大学　「部歌」（放浪の唄）
東北学院大学　「部歌」
徳島大学　「徳大ワンゲル節」
鳥取大学　「部歌」
法政大学　「北岳の歌」
姫路工業大学　「部歌」（折井三郎・詞、折井恒雄・曲）
広島大学　「部歌」（戸井田泰・曲）
宮崎大学　「部歌」
明治大学　「なため」（小林碧・詞、曲）
名城大学　「部歌」（横田勝明・詞、曲）
立命館大学　「会歌」（小野拓男・詞、松久昌司・曲）
早稲田大学　「旅」
など。

明治大学ワンダーフォーゲル部の部歌「なため」は、一九五八年に作詞・作曲されたものである。連盟が発行した「歌集」や合ワンの場を通じて全国的に広まり、多くの大学や社会人のワンダーフォーゲル部などで人気が高い山の愛称歌のひとつとなっていた（一四二頁のエピソード6参照）。

この歌を部員どうしで唄った当時を、懐かしく思い出される読者も多いだろう。

なため

小林　碧　作詞・作曲

一　森深く迷いたどれば
古き鉈目《なため》は導きぬ
ひとの心のしみじみと
懐かしうれし　木暗《こぐら》き径《みち》に

二　岨茨《そばいばら》　いかにありとも
努め拓《ひら》きて　ともどもに
愛のしるべを刻みつつ
仰ぎてゆかん　真白き峰を

小林は後日、OB会報においてこの歌詞に付言して、次のように述べている。

私が新人の頃、自分達だけで奥秩父の縦走に出かけ、暮れかかった倒木帯をさ迷い、ランタンをかざして必死に鉈目を探し回った忘れられない思い出がある。

episode 6

「なため」の作者・小林　碧

小林《こばやし》　碧《みどり》は一九二六年生まれで、明治大学商学部の五一年度卒業生である。

同大学ワンダーフォーゲル部のOBであり、戦後六代目の明治大学ワンダーフォーゲル部の新制委員長（旧制委員長は高良博人）をつとめた。

俳句作家であり、俳号は小林碧郎、馬酔木の同人として活動を続け、句集『雷鳥』（茗溪堂、一九八七年）と、句集『目細』（安楽城出版、二〇〇七年）を出版している。

「なため」の作詞・作曲

小林は一九五八年に「なため」を作詞・作曲した。

明治大学ワンダーフォーゲル部の部歌となり、曲に哀調を帯びた「なため」は、当時の山の歌やキャンプソングの人気上位をしめる歌となって、学生に限らず登山関係者に広く愛唱されるようになった。

連盟歌

連盟歌として歌われていた次の二つがある。

「ワンダーフォーゲルの歌」は、小林が作詞して、作曲は同期のワンダーフォーゲル部員で主務をつとめていた山田栄一が担当して五一年に作成された。

「旅鳥」も、後に小林が作詞・作曲したものである。

右の部歌と連盟歌の二曲は、多くのワンダーフォーゲル部や連盟が発行する歌集に掲載された。

禁句だった「ワンゲル」

実は「旅鳥」は、小林が「ワンダーフォーゲルの歌」の差し替え作品として五九年に、新たに作ったものであったという。

その理由は、小林の卒業後に鈴木善次郎が明治大学ワンダーフォーゲル部監督に就任（一九五七年）して以来、同部内では「ワンゲル」という省略した呼び方が禁句となった。ワンダーフォーゲルが発祥して以来の伝統を語り継ぐ、同部の強い誇りの表れであったようだ。

このため、前作の「ワンダーフォーゲルの歌」の歌詞の一部にあった「われらワンゲル」という歌詞を取り消す意向の表明なのであった（小林・談）。

「ワンゲル」を多用していたのは、全日本連盟顧問の福井正吉などであったようだ。

これらのほかに小林が作詞したものには「わが山河」という曲もあり、右にあげた四つの曲の歌詞と楽譜は、明治大学ワンダーフォーゲル部発行の『六十年のあゆみ』に掲載されている。

新制の初代委員長として

小林が委員長だった当時のワンダーフォーゲル部の活動は、旧制の部員の影響で山岳部と同じような活動を行う旧制出身の山派の部員が活躍していた。

次年度からは新制の部員だけになった。小林の代は、旧制委員長と新制委員長が並列して活動していた境目の期であった。

小林は次年度の高野栄三委員長がすすめていた「ピッケル、アイゼンなどの部室への携行及び使用を禁止する」などの新制主体のワンダーフォーゲル部運営方針の明確化を支援し、督励して実現させた功労者であった。戦後派の新制世代による新しい体制を創るために苦悩を続けていた高野を後援するために、周囲のOBたちにも協力を求めてまわり活躍したのである。

OBワンデルング同好会鉈目会

五五年のOB会の結成に先立って、小林の同期のOB部員が中心となって鉈目会という親睦のためのワンデルング同好会を組織した。この同好会は、戦後の新制大学生部員の集まりでもあった。

一方で、戦前のOBたちの間では山小屋の建設運動が起こり、この資金集めを目的としたOBの結集が始まっていた。

この両派は、曲折はあったが、協議によってOB会が結成されたのであった。

（『明治大学六十年のあゆみ』より）

9　連盟活動

全日本連盟

一九四八(昭和二三)年に全日本学生ワンダーフォーゲル連盟（以下、全日本連盟）が結成された。戦前に創部して、戦後に新しい部を設立した明治大学、慶應義塾大学、立教大学の三校に、戦後に創部した中央大学と、青山学院大学ハイキング部が加わって結成されたものであった（表14）。

初期に全日本連盟に加盟した大学においては、連盟担当の部員が「ワンダーフォーゲル運動」と呼んで他大学に部の設立を勧誘する活動に力を入れた。合ワンや、交歓会などが設けられて人気を呼んだ。

この結成は、戦前の全日本聯盟の元会長・出口林次郎の指導によるものであり、福井正吉がその実務を担った。

会長には香坂昌晴（元東京府知事）、副会長に出口、顧問に福井と茂木慎雄が就任した。

事務所は中央大学ワンダーフォーゲル部内とされていたが、会合は日本体育協会で行われていた。

顧問となった福井が会合場所として日本体育協会の会議室を提供しており、連盟の運営は福井が音頭をとっていた。

同連盟の委員長には、初代の四八年度から三代目の五〇年度まで、明治大学ワンダーフォーゲル部が推挙され、同ワンダーフォーゲル部の活動方式（部の組織と運営方法、登山形式、合宿形式、年間活動、自主独立の気風など）が後続のワンダーフォーゲル部の鑑とされていった。

初代委員長には大橋莞爾（部委員長）、二代目には田中與一郎（部主将）、三代目には千原　豊（部マネジャーと）明治大学ワンダーフォーゲル部が受け持ち、四代目には中央大学の川端　隆主将に引き継がれた。

五一年に創部した東京大学ワンダーフォーゲル部は、創部して以来オブザーバーとして全日本連盟の会議に参加しており、学内の運動会への正式加入が認められた五五年に正式に加盟した。

戦後最初の連盟合同ワンデリングは、連盟を結成した年に加盟五大学によって丹沢・塔ノ岳に集中登山方式で行われた。

五〇年に行われた第二回連盟合ワンは熱海玄岳登山で行われ、加盟の五大学から約三〇〇名が参加する大規模なものとなっていた。第三回は大岳山集中登山として行われ、以後、第九回まで続けられて、連盟合ワンの基盤ができあがったのである。

連盟合ワンには、五四年頃までは加盟校の部員全員が参加することになっていた。

その後には、部員数の増加とともに部活動が活発になり並行して連盟行事も増加していったため、合ワンには部員のうちの希望者のみが参加して行われるように変化していった。

全日本連盟の活動は、多少の曲折はあったようだが、登山愛好家の集団として登山を活動の基本としていた明治大学や東京大学のワンダーフォーゲル部の部活動の様式が、以後の連盟加盟校に受け継がれていったのである。

初期における同連盟への加入状況は、表14を参照されたい。

全日本連盟の主な年間活動は、合同ワンデルングのほかに、春・秋の総会、主将・主務会議、未加盟校懇談会、機関紙および歌集の発行、懇親野球大会、などであった。

結成の翌年から機関誌『ワンダーフォーゲル年鑑』を発刊し、次いで誌名を『ワンデルン』（年刊）に変更して六五年（第三号）まで発行した。

大学のワンダーフォーゲル部は、その誕生の時以来、

表 14　初期に連盟に加入したＷＶ部

加入年	大学名
1948	明治，立教，慶應義塾，青山学院 HC
1949	早稲田
1952	法政
1953	日本（工）
1954	明治学院
1955	東京，関西学院
1957	東京工業，東京都立，武蔵工業
1958	学習院，上智，成城

筆者の調査により作成．HC はハイキング部．

山岳部とは異なる活動路線を歩んでいたために、日本山岳会に加入した大学ワンダーフォーゲル部は昭和の時代には法政大学（七一年入会）と立正大学（八八年）の二校だけであった。

個人会員として日本山岳会に加入したワンダーフォーゲル部関係者もごく少数であった。

地域の連盟

巻末表1にも示した通り、関西と東北における連盟が結成されたのは、全日本連盟結成の一〇年後のことであった（表15）。

連盟を結成する目的は、この当時には創部に関する啓蒙や普及ではなく、交歓・交流がその主なものとなっていた。

各地域における連盟の結成時期については表15を参照されたい。

一九六四年当時は、全国で加盟校と未加盟校がほぼ同数であったといわれた。

表15　連盟の結成状況

結成年	名　称	結成当初の加盟校
1938	全日本学生ＷＶ聯盟（戦前）	明治，慶應義塾，立教
1948	全日本学生ＷＶ連盟	明治，慶應義塾，立教，中央，青山学院（HC）
1957	関西学生ＷＶ連盟	関西学院，関西，立命館，京都，甲南，同志社，大阪学芸
	東北学生ＷＶ連盟	東北学院，岩手，東北，福島
1959	北陸三大学ＷＶ連盟	福井，金沢，富山
	関西連盟が全日本連盟に加盟	（全日本連盟・関西支部となる）
1960	北越学生ＷＶ連絡会	福井，金沢，富山，新潟，福井工業
1962	東海学生ＷＶ連絡会	愛知学院，愛知，愛知工業，愛知県立女子，岐阜，岐阜薬科，名古屋，名古屋工業，三重
	中・四国学生ＷＶ連絡会	愛媛，岡山，高知，島根，広島，山口
1964	北海道学生ＷＶ連盟	北海道，札幌医科，室蘭工業，酪農学園
	九州学生ＷＶ連盟	西南学院，第一薬科，九州，大分，九州産業，宮崎
1965	全日本連盟に東海連絡会が加盟	（全日本連盟・東海支部となる）
1966	北越学生ＷＶ連盟	（北越学生ＷＶ連絡会が組織変更）
1966	全日本学生ＷＶ連盟が 解散	関東（38校），関西（29校），東海（18校）の各支部が 独自に活動へ

筆者の調査により作成．

二部学生連絡会

一九六〇年代に、関東地区の大学二部のワンダーフォーゲル部が二部学生ワンダーフォーゲル連絡会を結成した。

同連絡会は六七年には合同ワンデルングを行い、機関誌「かたらい」を発行した。

七九年三月現在において、次の八大学をもって構成され、活動を行っていた。東洋大学、中央大学、青山学院大学、芝浦工業大学、工学院大学、國學院大学、東海大学、東京電機大学（東洋大学二部の部誌より）。

関西連盟の結成

一九五七年に、関西学生ワンダーフォーゲル連盟(以下、関西連盟）が大島謙吉の呼びかけによって結成され、五九年に全日本連盟に加盟した。

関西連盟の結成準備会合や結成式などは、毎日新聞大阪本社において開催されていた。当時の大島は、青少年育成運動家として活躍しており、毎日新聞が主催する緑のこだま運動の主導者でもあった。

関西連盟が全日本連盟に加盟すると同時に、全日本連盟の新会長には大島の推挙によって橋本龍伍文部大臣氏が、また顧問には大島と茂木が就任した。

この時期をもって全日本連盟は世話役が福井から大島の体制へと入れ替わり、国の助成を受ける青少年教育活動の一環に組み入れられることとなった。

連盟の活動に関して、在来は国の助成を受けることはなかった。これらの問題について二年ほど前から全日本連盟の内部において人事問題も含めて、関東勢と関西勢との間に討議が続いていた。

全日本連盟の会議に参加する連盟委員の多くが私立大学によって占められることになっていった。

六五年に、全日本連盟に東海学生ワンダーフォーゲル連絡会が加盟して東海支部となった。

当時すでに結成されていた東北学生ワンダーフォーゲル連盟と北陸三大学ワンダーフォーゲル連盟は、全日本連盟にには加盟したかった。

全国合ワンから解散まで

全日本連盟が主催した全国合ワンは、年を追うごとに大規模化の一途をたどり、毎回、六月に開催された。

開催年、場所などの実績は表16を参照されたい。

また、表16の全日本合ワンへの参加校数は、全国のワンダーフォーゲル部数の約半数であったが、参加者の数は部員のうちの一部であった。

関東の三大学の参加状況を表17に掲げておこう。参加者の数は大学によって、あるいは年次によって大きく変動していたものと推察される。

全国合ワンの大規模化は、顧問大島の青少年育成運動家としての構想であった。

表 16　全日本合ワンの開催

開催年	開催場所	参加校数	参加人員
1959	六甲山	36	270
1960	能登半島	37	332
1961	戸隠高原		
1962	大谷原		700
1963	蓼科高原	94	850
1964	妙高笹ヶ峰	104	1,000
1966	湯の丸高原	111	790

筆者の調査により作成．1965 年は台風で中止．
空白部分は不明のもの．

全日本合ワンの回次が進むにつれて、加盟大学の部内において、連盟活動には関心を示さない部員が増加するようになり連盟委員たちの苦難が続いていたのである。

全日本連盟から脱退する大学も現れた。京都大学は

表 17　全日本合ワンへの参加者数

開催年	明治大学		慶應義塾		東京大学	
	参加数	部員数	参加数	部員数	参加数	部員数
1959	10	160	12		5	
1960	11	177	9	133		
1961	10	148	11	159	10	178
1962	13	149			8	245
1963	10	168				
1964	13	129	9	198	10	
1966	20	103	7	198		

各大学の部誌ならびに連盟誌より作成．空白部分は不明のもの．

一九六三年に脱退している。

同連盟は、第八回の合同ワンデルンを最後とし一九六六年に解散した。

解散に至った理由は、一つ目に、大学のワンダーフォーゲルが設立以来数々の経験を重ねたために初期に行われた情報交換の必要性がなくなったこと。

二つ目に、自主的な運営を標榜する学生主体の方針と、文部省との接触や他団体との交流、国や自治体が関与する青少年育成運動とのかかわりを誘導する顧問や連盟委員たち（連盟派と呼ばれていた）の方針とが対立したこと。

そして三つ目に連盟主催の行事が加盟各校の活動の負担を増し、連盟派と部内活動の充実を優先する部員たち（部内派と呼ばれていた）との対立があったこと、などであった。

解散した後には、関東学生ワンダーフォーゲル連盟（三八校）と、関西学生ワンダーフォーゲル連盟（二九校）、東海学生ワンダーフォーゲル連盟（一八校）が、それぞれ独自に地域ごとの活動を行うこととなった。

その後は、全国各地の大学ワンダーフォーゲル部が地域ごとに集まって任意に地区連盟を結成して盛衰を繰り返しているが、全国を網羅するような上部組織は現在も結成させていない。

競技種目ではない登山の種目としては、連盟の必要性はなかったのではないだろうか。他の体育（競技）種目のような全国組織も必要ではなかったようだ。

一九六八年に学生のワンダーフォーゲル会議という組織が作られた。一〇八頁を参照されたい。

青少年育成運動との交錯

全日本連盟が解散にいたった大きな原因は、大島による連盟の運営方針への不信であった。大島の活動は、当初から大学生の自主的な課外活動との間には大きな乖離があった。

大学ワンダーフォーゲル部の伝統校や国立大学を中心とする独立・自治の精神を掲げる部員たちの意向とは対立的なものとなって、全日本連盟の活動は次第にまとまりが希薄になってゆく。

同連盟の活動に、青少年育成運動との交錯が見られたのである。

一九五五年に、文部省社会教育局長通達「青少年野外旅行の推奨について」が出され、目的を「青少年の環境を浄化し、青少年を健全明朗な次代の国民に育成する」として次の五つの事業があげられた。

指導者養成、青少年教育キャンプ事業、野外旅行の促進、巡回文庫、映画・放送等の利用、であった。

この通達が出されて以来、国の予算による関連補助事業が活発化してゆき青少年の教育キャンプが全国的に大流行したのである。

連盟映画

一九六三年に「我らワンダー・フォーゲル」という映写時間三五分の映画を、全日本学生ワンダーフォーゲル連盟が文部省の助成金を得て作成した。

全日本連盟新聞「ワンダーフォーゲル」第二六号によると、この映画は、同連盟が六二年に行った大谷原における第三回目の全日本合ワンをはじめとするいくつかの合ワンの光景を集めて作成されたもので、製作費用一一〇万円の半額は前記の社会教育局長通達に基づく助成金があてられた。

残りの半額は同連盟が、関東と、関西において映画会を開催して調達したという。

映画作成は、大学生の自治的な課外活動として普及してきたワンダーフォーゲル活動における、青少年育成運動との混同の一例としてみることができよう。

全日本連盟の会長に文部大臣であった橋本を推戴したのも、大島の政治的な活躍の一面であったとみてよいだろう。

活動していた短期大学ワンダーフォーゲル部

一九六九年当時にワンダーフォーゲル部が活動していた短期大学を紹介しよう。連盟に加盟していた短期大学は、次のとおりである。

戸板女子、日本女子経済（以上、関東連盟）
愛知淑徳、岐阜女子、金城学院女子、
名古屋市立女子、三重（以上、東海連盟）
大阪樟蔭女子、金蘭、
帝塚山女学院女子（以上、関西連盟）
北星学園女子（北海道連盟）

福井女子（北越連盟）
鈴ヶ峰女子、広島工業（以上、中、四国連絡会）

以下は連盟に非加盟であった短期大学である。

北海道自動車、聖和学園、宮城学園女子、
米沢女子、青山学院女子、聖徳栄養、図書館、
文京女子、山脇学園、長野県立、新潟、山梨学院、
愛知大学女子、安城、市邨学園女子、すみれ女子、
東海女子、東海学園女子、東邦学園女子、
名古屋市立保育、名古屋栄養専門、
名古屋自由学院、名古屋女子商科、南山、
山田家政、大阪社会事業、大阪女子学園、
大谷女子、華頂、松陰、城南女子、浪速、姫路、尾道、
岡山商科、島根女子、ノートルダム清心、美作

（学生フンダーフォーゲル会議発行
「ワンデルン再刊一号」より）

episode 7

青少年育成運動と大島謙吉

大島謙吉《おおしまけんきち》（一九〇八〜一九八五）は、石川県出身の三段跳びの選手であった。

関西大学在学中の三二（昭和七）年に第一〇回ロスアンゼルス五輪で銅メダルを獲得した。

卒業後は毎日新聞社（大阪本社運動部）に記者として就職した。入社後も競技を継続し、三六年のベルリン五輪で、六位に入賞している。

ベルリン特派員などを経て四五年に東京政治部記者となった。日本体育協会理事、文部省青少年教育分科会委員などをつとめ、日本スポーツ少年団の結成にも加わった。

五六年に、毎日新聞社が、「緑のこだま」という青少年教育キャンプの普及活動を始めた。大島が企画の中心になっていた。

五七四月に、創部された関西大学ワンダーフォーゲル部の顧問となり、直後に同氏の主導で関西学生ワンダーフォーゲル連盟の結成会を大阪毎日新聞社内で行った。五九年に、大島の働きかけにより関西連盟を全日本連盟に加盟させて、全日本連盟の関西支部とした。この組織変更と同時に大島が同連盟の顧問となり、会長に文部大臣橋本龍伍を推戴した。

六〇年に全日本連盟をレクリエーション関係団体懇談会に加入させた。同会は、日本レクリエーション協会が提唱して、日本YH協会、日本サイクリング協会、日本フォークダンス連盟、日本YMCA同盟などが加わっていた。

その後の全日本連盟の活動は、青少年教育キャンプと同様の大規模キャンプを全国合ワンとして例年開催するようになった。

大学生の課外活動として学生たちが自主的に運営していた連盟は、この頃から、全国合ワンなどの活動路線の問題や、関東と関西との間における連盟役員の人事問題などでまとまりを欠くようになり、混乱と迷走が始まっていた。

10　登山史に大きな足跡

ワンダーフォーゲル部が主流となった

以上に述べてきたように、戦後における大学生のワンダーフォーゲル部活動は、年を追うごとに普及し、登山ブームといわれた現象の底辺の拡大にも大きく寄与したことは間違いない事実である。

大学ワンダーフォーゲルは、発祥以来約半世紀を経た今日、先人たちの積年の営みによって伝統を築き上げ、現在ではごく普通の登山サークルとなって大学の課外活動（クラブ活動）のなかに日本固有の学生文化として定着している。

このことは、わが国において登山というものがいかに魅力があり、いかに根強い人気があるかということの証しでもあるだろう。

パイオニアワークやアルピニズムから離れた世界において、山という自然を対象とした活動への憧れが、学生登山に新しい形態を加えたものであり、学生登山がわが国の伝統的な登山への回帰を果たしたものだということができる。

わが国の地形からもたらされてきた伝統的な山の文化は、大陸にある諸外国とはまったく違う。生活圏からの景色のなかに山があり、校歌のなかに故郷が誇る山が唄われ、豊作を祈る祭りは水源の山が崇められてきた。

第三章で記したように学生登山は、伝統的に旅行、里山、夏山を楽しむ日本人特有の文化であった。そこに西洋から雪と氷と岩という登山様式が入ってきたために一時的に活動が先鋭化したが、やがてこれも少数の登山家のものとなり、伝統的な登山様式を好む登山愛好家たちによる分化がはじまったところで戦争となり、国民の登山は中断されていた。

これまでの大学山岳部の歴史は、アルピニズムを標榜する少数の学生たちが個人主義に徹して果敢に雪と氷と岩に向かって作られた新記録が、戦前の時代を中心として書き残されてきた「記録史」である。

一方の大学ワンダーフォーゲル部の歴史には、実はヒーローがいない。大学ワンダーフォーゲル部の活動は、山が好きな者がその楽しみを共有するというわが国伝来の登山文化そのものなのである。

二〇〇五年に発行された『目で見る日本登山史』は、これまでに書かれた登山史の戦後の空白部分を補完しているが、残念ながら戦後の学生登山において主流となったワンダーフォーゲル部の活動については説明されていない。

これは日本山岳会が英国山岳会の影響を受けて設立されて以来の現象である。一九二〇年代に、アルピニズムに染まり活動を先鋭化させた学生の山岳部が、続々と日本山岳会に団体加入して同会を席捲していった。この後、学生山岳部の卒業生たちが続けて個人加入してゆき、日本山岳会の会員たちの気風は英国山岳会風の権威主義のような気風が伝統となってきたのである。

一八七四（明治七）年に設立されたフランス山岳会は、英国山岳会とは明確に一線を画してエリート主義を排する路線を進んだ。全国民を加入者の対象とし、国内のすべての山小屋は同山岳会が維持・整備を行ったのである。

英国とフランスとのこのような思潮の違いは、それぞれに現在も続いているようである。

活動中の女子大学ワンダーフォーゲル部

趣味の多様化によるものと思われるが、現在では女子大学のワンダーフォーゲル部は少くなっている。

活動を続けている女子大学においては、現在もさかんに他大学との合ワンが続いている。活動内容は、男子とほぼ同じ内容であり、登山、キャンプ、スキーを中心としており、年間活動も男子が多い大学と同じ内容となっている。

ワンダーフォーゲル部が、公認サークルの一つとして活動している女子大学をいくつかあげてみよう。

神戸女学院大学、女子美術大学、女子栄養大学、東京女子大学、名古屋女子大学、日本女子大学、などである。

登山文化を、より広く伝承するためにも、女子大学におけるワンダーフォーゲル部の活躍を期待したい。

episode 8

衝撃の新聞記事

一九五九年一〇月に発表された「何を語るか？ 東大生らの遭難」という、朝日新聞の記者疋田桂一郎（一九二四〜二〇〇二）が書いた記事は、当時の社会に大きな衝撃を与えたといわれている。その一部を紹介しておきたい。

同月に北穂高滝谷で東大スキー山岳部員一行十一人のうち、死亡六人、重傷一人、生還四人という集団遭難事故の直後に発表されたものである。

記事「英雄扱い、お門違い」

この記事のなかに、「英雄扱い、お門違い」という見出しの次のような一文がある。

きれいな死に顔　死にざまの気ちがいじみていること、はた迷惑である点、例のカミナリ族とやらと少しも変わるところはないのだ。ところが、山の遭難というと人々はとたんに寛容になり、感傷過多におちいり、まるで英雄のように死者を扱いたがる。

きまり文句でいえば「彼らは山男らしく、美しく死んだ」。いったい、標高三千メートルで死ねばどんなに無謀な事故でも美しいというのか。（お断りしておくが、ここで、死者をむちうつつもりはないし、遺族や関係者を心からお気の毒におもう。

しかもなお誤解されるのを恐れずに、ものをいわねばならない。そういう時期がきていると思う。）

また同じ記事のなかの、「美化される行動―原因の追究もあいまい―」と題する文が続く。

山男はおしなべて野心家である。みんな英雄になりたい。他人にはマネのできないことをやる。それが彼らの名誉心をこのうえなく満足させる。より困難なことは、より値打ちのあることだ。そして名誉心を傷つけたくないばかりに無理をする。

遭難は不名誉なことだ。事故さえなければ文句はないだろう。勝てば官軍さ。途中で引き返すことなどは輝かしい彼らの登山歴にとって、とりかえしのつかぬ致命傷になるのだ。

下界では気ちがいざただが、そんな山のモラルでもあるのか。…

(『新聞記者 疋田桂一郎とその仕事』より)

以降も、「思いあがる山男」、「おかしい寛容さ」という見出しで、右とほぼ同様の烈しい論調が続いている。

『山を考える』

また、本多勝一(朝日新聞記者)は、疋田記者の記事を再録して「遭難の報道記事」と題して次のような解説をしている。

この記事は、その後の遭難報道に対して大きな影響を与えました。山男の中には、独善的で、傲慢で、鼻もちならぬ種類の男(女も)がいますが、それを真正面からたたきつぶした。それまでの「ロマンチックな遭難」のイメージは、完全にふきとばされてしまったのです。

もちろん、それまでにも遭難に対する批判的な記事はなかったわけではありませんが、これほど強力な、山男の虚像の横つらを張りとばしたものはありませんでした。これに勇気(?)を得たのか、その後山の遭難に対しては、各新聞とも「美化」する傾向は影をひそめだし、次第に批判的傾向が強くなってゆきます。…

さらに大きな教訓となったのは、疋田記者が登山の素人だった点です。山の素人が、山の遭難報道で革命的な転換をやってみせた。山の記事は登山の実力もある記者でないと書けないかのような考え方は迷信だった。問題は抹消的な技術などではなく、根底を揺るがすような眼力にあります。

これは山に限らず、すべての分野に共通するジャーナリズムの核心部です。もし対象について専門家と同じレベルの知識や経験がなければ記事を書く資格がないとなれば、それぞれの分野にジャーナリストは分断されて、その分野での限定された〝評論家〟へと堕してゆくでしょう。対象を根底から揺るがすような報道はできなくなります。

（『山を考える』より）

疋田記者の記事が新聞に掲載されたころから、広く父兄などのあいだで、山岳部は危険な部活動ではないかとの認識が広まっていたようだ。

学生登山界の曲がり角

右のほかに、「〝海外遠征ブーム〟と滝谷遭難批判」として、前記の記事と学生山岳界の大きな変化に触れた、安川茂雄の次のような文章があるので紹介しよう。

おまけに戦後デモクラシーの必然的な結果として、在来のパーティーシップに欠け、しごきによる新人教育は困難の度合いを深めた。そういった状況下にあって大学山岳部の遭難が相次いだことは致命的ともいえる不幸で…。

この東大パーティーの滝谷などの一連の惨事は、登山がアンチモラルなスポーツとの批判を生み、ジャーナリズムにおいても朝日新聞の疋田記者により山岳遭難へのキャンペーンとなり、山での死を英雄視する傾向は厳しく弾劾されるにいたった。

この前後から、山岳部以外に各大学には文化団体としての同好会的な山岳団体が続々と設立された。

たとえば早大においては昭和三十八年には早稲田大学山岳同好連盟がつくられ、十一団体が加盟しており、同時に、山岳部の入部者が年ごとに減少の一途を辿りはじめたのは一部の大学を除いて共通の現象とみられることに注目すべきである。……学生登山界自体が曲がり角にきたともいえるようだ。

（『増補 近代日本登山史』より）

第七章

活動多様化の時代へ

1　多様化がすすむ活動内容

体育離れ

一九六〇年代の後半ころから、ワンダーフォーゲル部や山岳部の活動に変化がみられるようになった。

経済成長は続いていたが、学生の意識が変わり始めたのである。

六五年から六七年にかけて、団塊の世代の人たちが大学に入学する時期を迎えた。大学の校数ならびに学生数は、六〇年から七〇年にかけて急激な増加をみせた（五二頁の表6および表7参照）。

それ以降も大学への進学率が増加を続けており、今日では大学が高等教育機関であるとは一概にいえない状況になっている。

全国の大学において「体育離れ」という現象が続いている。体育会系の部はいずれも新入部員が減少し、同好会がたくさん誕生した。登山に関する同好会も増加した。組織の結成度もゆるいものとなった。

体育会系の各部は敬遠されるようになり、組織や団体や規律などというものが敬遠された。これは世間全体の流行であった。

当時全国の大学で多数発生した登山系に類する同好会には、次のような名称のものがあった。

歩け歩け、山の会、オリエンテーリング、山友会、山へ行こう会、山旅、散策の会、旅行研究会、逍遥会、渓友会、山歩会、歩行会、旅の会、山小舎研究会、岳文会、歩行会、岳友会、岳文会、山岳アルコウ会、山岳写真の会、旅の会、山の会、などが生まれた。

ワンダーフォーゲル部では、全員参加の合宿行事が減少して、自由参加型のＰＷ（パートワンダリング、パーワンともも呼ばれた）が増加していった。

部員を集めるための方策として、活動日数を減らし、合宿の回数や一回あたりの日数を減少させるワンダーフォーゲル部が多くなった。

三泊以上の活動は行わないとしているワンダーフォーゲル部も多数見受けられ、日帰りの企画も増加した。

部員を確保するために、各種のアウトドアー活動を取り入れた。また女性部員を積極的に勧誘した。

学校間の活動内容の差異が、年々拡大の一途をたどった。伝統的に年間計画を伝承するワンダーフォーゲル部と、設立後の歴史が浅いために年間活動計画が決まらないワンダーフォーゲル部との差異はまことに大きくなったようだ。

表 18　最近の部員数（人）

大学名	部員数
小樽商科大学	33
金沢大学	47
神戸大学	26
札幌医科大学	21
滋賀大学（経済）	25
島根大学	48
千葉大学（徒歩旅行部）	41
中央大学	46
筑波大学	37
都留文化大学	22
名古屋工業大学	41
一橋大学	15
弘前大学	15
法政大学	17
北海道大学	32
明治大学	58

各部HPより，2015年5月閲覧．

社会人のなかでも、若者の登山離れといわれる傾向が進んだ。七三年には高度経済成長が終りを告げた。

多くの大学において、部活動を存続させるためにOB会の人たちが苦労を続けた。

休部のやむなきに至った大学もある。

二〇一〇年代には、部員数が増勢に転じた大学もみられるようになった。参考までに、最近の部員数を表18に紹介する。

アウトドアー種目の採用

今日では娯楽の多様化といわれる風潮の影響を受けて、在来の縦走登山や山旅のほかに加えられている活動は種々様々であるが、次のようなものがある。

海水浴、カヌー、カヤック、川下り、キャンプ、クロスカントリースキー、サイクリング、里歩き、山岳写真、自然観察、島歩き、小旅行、スノーシューで雪原散策、スノーボード、釣り、トレイルラン、パラグライダー、ボート、フリークライミング、ボルダリング、ラフティング等々である。

九州大学ワンダーフォーゲル部が続けている徒歩・リヤカーは、ユニークなものであろう。一部の山岳部においては、活動内容をボルダリングのみとするものも現れている。

分化や統合が始まっている

国立大学のなかにも、次のような新設の部名がみられる。

野外活動部（山梨大学）、アウトドアーサークル（東京大学、京都大学）、フリークライミング部（京都大学、愛媛大学）、ボルダリング部（千葉大学）などである。

このような動きは、登山系統の部の分化や統合などがすでに始まっている兆候とみてもよいのではないだろうか。

また部名の変更もみられる。ワンダーフォーゲル部を「徒歩旅行部」と改名した千葉大学や、「山岳・ワンダーフォーゲル部」を誕生させた浜松医科大学の例もみられる。

無目標化

戦後に行われた教育の大衆化という制度改革の当初の目標は達せられたのかもしれないが、高等教育という領域が曖昧なものになった。

この間の変化によって、大学生はエリートであるという意識が共有できなくなり、教養度や学力の高低格差が拡がったものとみられる。

このような変化と連動して、大学の課外活動というものの意義や位置づけが曖昧になった。

一九七六年には、戦後生まれの人口が過半数を超える時代となった。社会全体に平等意識と刹那主義が蔓延したといわれた。

戦後に進行してきた教育の大衆化の結果、大学の校数と大学生の数は増加を続けた。二〇一〇年の調査では、女子学生が全体に占める割合は、大学において四一・四％となり、過去最高の割合となった。

学生数の増加に対して、わが国は私立大学の増設に頼って対処してきた。これも高等教育体制を変質させてきた大きな一因になったようだ。

八〇年代には「大学のレジャー化」がいわれ、九〇年代には大学生の「生徒化」がいわれるようになった。最近の大学のワンダーフォーゲル部の活動状況を見渡すと、次のように類別することができる。

一、伝統として登山を主力とする年間計画が受け継がれているもの
二、登山に、各種のアウトドア活動を加えて年間計画が立てられているもの
三、登山以外のアウトドア活動のみの計画となっているもの
四、年間計画が立てられていないもの

国立大学を中心として古くから活動を続けてきた部には、区分一が多い。

最近では、区分三と区分四が多くなっている。部の歴史が新しい大学や、指導者に恵まれない大学においては、課外活動としてのワンダーフォーゲル部の活動がレジャー化している傾向が見受けられる。

部の活動がレジャーだけでは、教育性は乏しく、享楽的であり、目標がない気晴らしに過ぎないのではないだろうか。

目標がない群れでは、生徒化が進み、漂流を続けて行くことになると思われる。

薄れゆく共同体意識

登山の歴史を振り返ると、かつては近寄り難かった山々に道路が造られて、登りやすい身近な山に変わった。現代では、容易に自然に親しむことができるようになり、山の神秘さや山へのロマンなどというものを忘れかけているように思われる。

戦後は、時代が下るに従って、仲間との連帯感が薄れてきた。縦や横の関係で助け合い励まし合って生きてゆく体験の場が希少となってきた。感動を分かち合う仲間も要らないというのでは、あまりにも淋しい。

戦後七〇年が過ぎて、私たち日本人の価値観は次第に変化してきた。多くの指摘があるように、個人志向と現在思考が強くなっているようだ。

個人志向化とは、個々人の興味・関心や目的意識が、

自分が帰属する社会や集団よりも自分自身に向くようになってきたことだといわれている。

社会や集団というものの意義を知ろうとしなければ、人間は幼稚化に向かうだろう。共同体意識の喪失である。

現在志向化とは、未来の目標に向かって長期的な計画をたてて着実に歩みを続けることや、将来の望ましい状況を実現させるために現在を犠牲にすることなどを避けて、今、ここにおける自己の欲求実現を優先する志向性だといわれている。刹那的・即時的価値を重視するのが特徴だといわれる。

これらのような状況から、今日の大学ワンダーフォーゲル部は一部の大学を除いて、教育的な存在価値を捨て去りつつあるように思われる。

2　活躍が期待されているＯＢ会

ＯＢ会の名称は、現役の部とは別の名前を付けている例が多くみられる。ＯＢ会を形作っているのは、各卒業年次の同期会である。

登山合宿などの共同生活を通じて体験した他のクラブよりもはるかに深く、はるかに強い絆で結ばれている元部員同士の様子を、ＯＢ会の盛況ぶりなどからうかがい知ることができる。

ワンダーフォーゲル部のＯＢ会は、山のなかの合宿生活を通じて培った仲間同士の体験から、他のクラブよりもはるかに強い団結ぶりをみせているようだ。

ワンダーフォーゲル部のＯＢ・ＯＧの員数は、山岳部や体育系の他のサークルには類例がないほど多数に上っている。

ＯＢ会員数は、一〇〇〇名を超えているのが慶應義塾、明治の両大学で、五〇〇名を超えているのが大阪、神戸、東北の三大学だとみられる。

ＯＢ会の名称には次のようなものがある。

大阪経済大学	経翔会
お茶の水女子大学	いわひばり会
学習院大学	稜桜会
京都府立大学	鴨漂会

神戸大学　翔羊会
國學院大学　アシの会
埼玉大学　紫蘭会
成蹊大学　石楠花会
日本大学　くさはら会
広島大学　ぶなの木会
広島工業大学　てくろう会
明治大学　なため会
明治学院大学　沙羅の会
山口大学　鳳翩会
横浜市立大学　鴎嶺会
立教大学　あさやけ会
和歌山大学　紀岳会
早稲田大学　稲門ワンダーフォーゲル会

「ＯＢ会」とは呼ばずに、「ＯＢ・ＯＧ会」や「ＯＢＯＧ会」と呼ぶ大学ワンダーフォーゲル部が見受けられるようになってきている。

インターネット上に、ホームページを公開するＯＢ会が増えている。また、創刊以来のＯＢ会報をすべてデジタル化するなど、電子化が進んでいる。会報をインターネットで配信することによって、ＯＢ会費の徴収を取りやめたＯＢ会も見受けられる。

部誌のバックナンバーを、会員の協力で創刊以来のものを集めて、全文をインターネット上に公開しているＯＢ会もある。

同期会、ＯＢ会の年次総会、支部懇親会、周年記念総会、懇親山行行事などが盛んに行われているが、近年のＯＢ会活動の動向は、長年にわたって会の運営面を担って来た創部当時のＯＢが高齢化しつつあること、ＯＢ会が歴史を重ねたことより年代層が幾重にも重なって来たことなどによって、運営面において苦労しているワンダーフォーゲル部も見受けられる。

明治大学ＷＶ部ＯＢ会の伝統

現在も続けられているＯＢ会の運営の実例を紹介しておきたい。

明治大学ワンダーフォーゲル部ＯＢ会・なため会では、運営委員会が毎月一回、幹事会が年二回、卒業生歓送迎会が三月に、登山・旅行会が年四回開催されている。

毎年春には、卒業生歓送迎会の席上で、卒業部員全員にバックルナンバー（部員番号）が授与され、全員がOB会員となるシステムが継続されている。

監督とコーチをOB会が選任（推挙）している。コーチ制度は、主将経験などのあるOBがコーチに就任して、現役の部活動には必ず参加する制度として続けられており、他には例が少ない手厚い現役支援制度だとみられる。

現役部員のなかに、OB係が毎年度ごとに選任されており、現役とOBの連帯の役を担っている。

年会費を徴収し、OB会報「薫風」を年二回発行して全員に郵送が続けられている。

バックルナンバーは、二〇一四年の卒業生では一二九〇番台に達している。

現役とOBの交流行事のなかで長く続けられてきたものは、山小屋ワークと呼ばれる小屋の清掃、整備、営繕、懇親会、懇親ワンデルングなどの一連の企画であろう。

3　昭和の記録『五〇周年記念誌』の数々

現代の学生登山史の金字塔

二〇〇〇年ころから、創部以来五〇年以上の歴史を数えるワンダーフォーゲル部が次々と現れた。

これらのワンダーフォーゲル部においては、OB会と現役学生との共同による周年記念祝賀会の開催や、OB会の労作になる『五〇周年記念誌』の発行が続いた。

これらの周年記念誌を発行する作業は、それぞれのOB会が有する資金力と団結の力と編集能力による成果である。活動の歴史が長いサークルであっても、OB会の力がなければ実施することができない大事業であろう。

発行された五〇周年記念誌は、現代（戦後）の学生登山の歴史上に燦然と輝く金字塔であるといってよいだろう。昭和という時代の文化の一面を照らし出す記録集としても、貴重なものとなっている。

今ここで、大学生のワンダーフォーゲル部の活動を

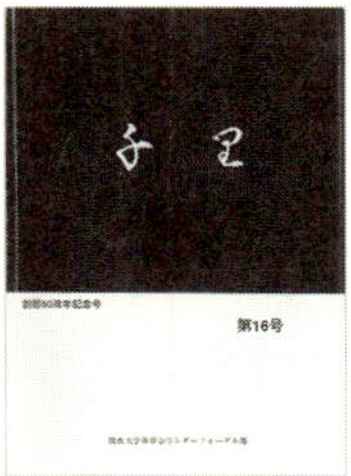

関西大

学習院大

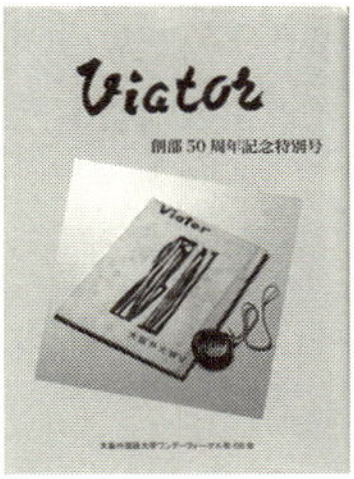

大阪外語大

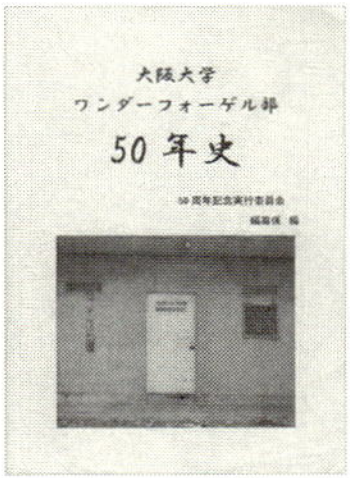

大阪大

上智大

神戸大

慶應義塾大

京都府立大

さまざまな**50**周年誌（その**1**）

振り返るとき、巻末表2に示された大学のワンダーフォーゲル部はすべて五〇年以上の歴史を誇るものとなった。歴史上の大きなうねりを目の当たりにする想いである。これからも、仲間たちとの折々の活動記録が集積されて行くことを望みたい。

すでに発行された五〇周年記念誌や六〇周年記念誌は、三〇点を超えており、これらの多くは、国立国会図書館にも収蔵されている。

周年記念誌に収められている主な内容は、創部の経緯、創部以来の山行全記録一覧表、各期ごとの主な活動記録ならびに集合写真と回顧録、時代別回顧座談会の記録、歴史上の主な合宿、運営体制の変遷、事故の記録、歴代部員名簿、部の略史・略年表、OB会の沿革、部規則、OB会会則、校歌、部歌、数々のキャンプソングなどから構成されており、学生登山の歴史に残る貴重な内容が多い。

初期に創部したワンダーフォーゲル部のものには、登山活動において先行していた山岳部とは別個に学生登山の新しい種目を楽しむ部として大学内外から認知を得るための苦闘の跡をみることができる。

東京大

東海大

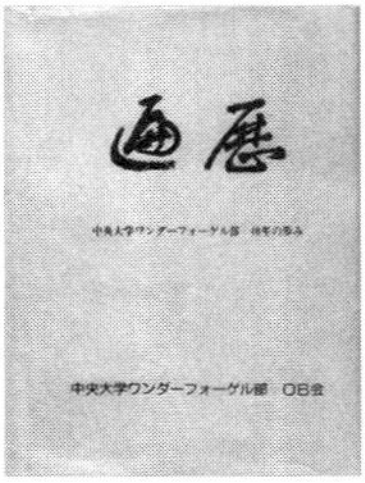

中央大

西南学院大

福井大

日本大

名古屋大

東京学芸大

さまざまな **50** 周年誌（その **2**）

卒業年次ごとに詳細な活動が収録されており、大勢の懐かしい写真と同志の氏名が並べられているので、それぞれの時代に活動した部員たちにとっても誇り高いケルンであるに違いない。

また、各界で活躍中のリーダーたちの若き日の誇り高い記録でもあるだろう。

これまでに書かれてきた「登山史」や「登山年表」、あるいは山岳部や登山団体などの「部誌」や「周年記念誌」の多くは、ごく少数の登山者の記録集であり、レクレーションスポーツとは世界を異にした、先鋭的で個人的なヒーローの活動記録が多い。

これらに対してワンダーフォーゲル部のものは、それぞれの組織としての活動の履歴とその時代背景ならびに、多くの部員の氏名が残された大記録集となっている。多数の部員全員の共同体の記念碑として、末永く輝き続けることだろう。

今後も引き続いて七〇周年記念誌や八〇周年記念誌が発行されるように、さらに伝統を築く活動が続けられることを期待したい。

部報と部誌のところにも記したが、周年記念史誌を

山形大

明治大

北海道大

法政大

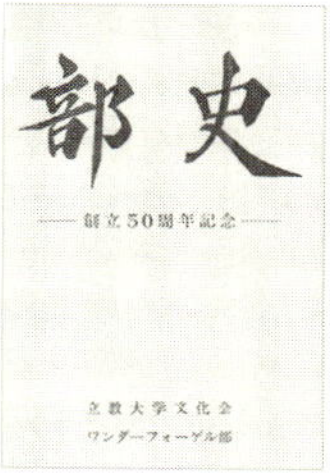

立教大

横浜市立大

横浜国立大

山口大

さまざまな **50** 周年誌（その **3**）

各大学の図書館、地方自治体図書館、国立国会図書館などに納本して保存の手立てをされるよう強く望みたい。

近年は、収蔵の有無について、インターネットで即座に検索できる時代となっているので、多くの人が図書館を活用する利便性も増加している。

発行された〝五〇周年記念誌〟、ならびに主な〝五〇周年未満の記念誌〟は、巻末の参考文献に掲載したので参照されたい。

周年記念誌の紹介

周年記念誌のなかから、特色のあるものを次に紹介しよう（発行年順）。

『ふみあと　25周年記念』　慶應義塾大学

一九六〇年発行（A５判一七九頁）

部の創立者である中村正義の「創立のころ」と、同じく創立者の星 登や初期の部員が語った「座談会・二十五年間を回顧して」には、創立の経緯が綴られており、戦前のワンダーフォーゲルの源流の一つであった奨健会ワンダーフォーゲルとの関係も説明されている。

記録編に収められた、「ワンデルング記録」（戦前の第一回から第九二七回まで）、ワンデルングのプラン別分類表は、大学ワンダーフォーゲル部が歩んできた登山と旅のふみあとを明確に示しており非常に貴重な記録である。

大学ワンダーフォーゲル部の周年記念誌の嚆矢であったとみられる。

『三十年のあゆみ』　明治大学

一九六六年発行（A5判一七五頁）

戦後にワンダーフォーゲル部を復活させた当時の部員たちが筆を執り、あるいは資料提供を行った、戦前と戦時中の大学ワンダーフォーゲルの記録集である。

特に、春日井教授が執筆した「ワンダーフォーゲル回顧録」には、駿台あるこう会を始めた動機ならびに経過が詳しく述べられており、これを母体にしてワンダーフォーゲル部が組織立てられた状況とその当時の活動内容が述べられている。

大学ワンダーフォーゲル部の源流であった「駿台あるこう会」の当時の姿を知ることができる唯一の記録であろう。

巻末に付された創部以来のすべての「ワンデルング記録」は、部員の増加に対応して組織的な部活動を開拓してきた過程を読み取ることができる貴重な資料となっている。

当部には、部則のほかに指導要綱があり、運用と改正の経過が詳しく述べられている。

『ふみあと　50周年記念特集号』　慶應義塾大学

一九八六年発行（A5判二一二頁）

五〇周年記念座談会「あのころのKWV」は、前掲の二五周年企画よりもさらに充実した回顧談が一〇年代ごとのOBたちによって語られている。

創部以来のすべての「ワンデルング記録」は、文化団体としての自由なワンデルングを読み取ることができるものである。

『遍歴　40年の歩み』　中央大学

一九九一年発行（A5判四三〇頁）

戦後に初めて創部した大学ワンダーフォーゲル部の草創期から隆盛の時代にかけての記録である。

巻頭にある同部の綱領や、部を創設した兼松が執筆した「私の歩んだ道」、座談会「創部のころ」などの記録は、戦後の大学ワンダーフォーゲル発展期の時代背景を物語っている。

また、昼間部と夜間部との組織運営や、これにかかわる学年間の相克の記録は、同部の生成発展の足取りを忠実に映し出している貴重なものであろう。

『Bergheim 創立三十五周年記念誌』　金沢大学

一九九三年発行（上巻・下巻、A五判七七九頁）

ワンダーフォーゲル部の活動の足跡を、テーマごとに歴代の部誌ならびに一〇周年記念誌から採録して編集されている。

目次に挙げられているテーマのなかでは、規約について、女子部員論、犀奥における活動、パーワン論、パーワン一覧表などが特徴的である。

『六十年のあゆみ』　明治大学

一九九七年発行（B5判四四八頁）

巻頭には綱領が掲げられており、創部以来の伝統が息づいていることを思わせるものである。

年表形式で掲載されている「部の変遷」は、大学ワンダーフォーゲル部の先駆としての活動の足跡であり、組織化がすすんだ経過を俯瞰することができる一覧資料となっている。

年表その2「歴代の幹部名と部員数」では年次別の部長、監督、コーチ、主将や主務の氏名、各年の部員数、夏合宿参加者数などの推移がまとめられており、活動履歴として興味深いものとなっている。通算三六年間にわたって活躍して名物監督となっていた鈴木善次郎の名前も目立っている。

巻末に掲げられている「ワンデルング記録」（第一回から第三二七二回まで）は、同部の登山活動の経過を戦前、戦中、戦後にわたって展望することができる非常に貴重な記録である。

「MWVのあゆみ」において、各年代に活躍したOBたちが残した、各時代の回顧録が当時を語る貴重なものである。

また、大学ワンダーフォーゲル部の歴史上で初めての山小屋建設に至る経緯や、部指導要綱、組織化に関する経過も貴重な記録であろう。

『創部50周年記念誌』　法政大学

一九九九年発行（B５判二六一頁）

中野　忠（元監督）が「HWVの夜明け」他に、部の創設（一九五一年）以来の歴史を取りまとめている。任意団体から準部を経て体育会正部になるまでの道のりが詳しく述べられた記録である。

次のように記されている。

　応募者も集まり、第一回創立説明会が二〇名くらいの参加で行われた。その多くが高校時代山岳部経験者だったので二流山岳部と言う意識が強く、ほとんどが去って、自然を愛する仲間だけが残った。

「海外総集編」は一九六四年のニュージーランド以後九回にわたる海外合宿の記録がまとめられており、異色のものである。

『TWVの50年』　東京大学

二〇〇一年発行（A４判三〇七頁）

特集「ワンデルング全記録一覧」は貴重な記録である。一九五一年の創部から五〇年間の約三六〇〇回にのぼる山行について、日程、コース、企画の趣旨、登山形態（藪、沢、スキーなど）、リーダー名、人数、メンバー、山域区分（部で設定した日本全域区分）を集成した記録集である。

これらのデータによって作成された各種の統計表や推移表も大学ワンダーフォーゲルの形跡を示すものとして興味深くみることができる。

座談会「創部の頃」は、同部が歴史の上に留めた貴重な足跡が残されており、次の点が注目される。

その一つ目は、部の創設者が旧制大学組であったことである。当時は新制から旧制への切り替えの過渡期であったので、戦前の大学において支配的であったドイツ理想主義の香を感じることができる。

二つ目は、国立大学として最初に設立されたワンダーフォーゲル部が課外活動として公認されるまでの経緯である。

三つ目は、学生同士がまことに自由な雰囲気で発足させたワンダーフォーゲル部であったことである。

『峠　YUWV50周年記念号』　横浜市立大学

二〇〇三年発行（B５判三二四頁）

「ワンダーフォーゲル考」という特集が組まれており、機関誌「峠」の創刊号から第一六号までに載せられたワンゲル論が紹介されている。

一九五〇年代には同部と同様に他のワンダーフォーゲル部においても、機関誌の巻頭言にいわゆるワンゲル論や本質論と呼ばれる議論が盛んに掲載されていた。大学ワンダーフォーゲルの基礎づくりの時代にみられた、一つの光景である。

『草鞋　第29号』　女子美術大学

二〇〇五年発行（B５判四三五頁）

四九年誌であるが、五〇周年誌に準じて紹介する。女子大学のワンダーフォーゲル部として、約半世紀にわたる履歴が残されている唯一のものだとみられる。

部誌第二九号の七年ぶりの発行にあわせて、「JBWVの四九年間を振り返る」という特集を主眼に置いた記念誌である。

同部のコーチや顧問を約三〇年にわたって続けている鈴木恵美子（同部のOG）が企画し、創部者の平井ベラミほか多数のOGが協力してまとめられた力作である。

「他校との交流」には、合ワンの思い出や多くの結婚の逸話などが綴られており、他校のOBたちがあまり語っていない当時の合ワンの姿をよみがえらせるものとなっている。

各年度の活動の軌跡は、大学ワンダーフォーゲル史のなかにおける貴重な女子学生の記録集であろう。

『記録　五十年の踏み跡』　関西学院大学

二〇〇六年発行（A４判四九七頁）

第一章「五十年の踏み跡」は、ひとつの物語として要領よくまとめられている。このなかに、「創部前史」として、関西地方で初めてワンダーフォーゲル部を創設した当時の経緯が記されており、まことに興味深い。

また、関西学生ワンダーフォーゲル連盟結成の中心的存在となった同校の活躍ぶりが、詳細わたって記されている。いずれも貴重な記録である。

『YWV50年の歩み』 横浜国立大学

二〇〇七年発行（A4判一三八頁）

各期ごとに在部した四年間の主な活動記録と出来事、同期の部員氏名と思い出の写真まとめられており、簡潔ながら感動を呼ぶ内容となっている。

「記録から見たYWVの50年」は部の歴史を一望することができる力作で、各時代ごとの活動の傾向がよくとらえられているようだ。

『ワンダーフォーゲル部50年史』 大阪大学

二〇〇九年発行（B5判三〇二頁）

各代の主将によって見事にまとめられた「年度毎の活動概要」を中心にしており、活動内容ごとに採録編集された「様々な合宿・PW」と「歴代全部員名簿」を、みると、部の伝統を引き継いできた各年代の活動状況を克明に読み取ることができる。

各年代ごとに発行されていた部誌や合宿のしおりなどの多くの資料の存在を思わせるもので、周年誌としてまことに充実したもののひとつだろう。

付録のなかに一五頁にわたって丹念に採録されたWV用語集も、よい記録の資料である。

『Viator 創部　50周年記念特別号』 大阪外国語大学

二〇〇九年発行（A4判二五八頁）

「50年のあゆみ」には、各期ごとに二頁にわたって時代背景と共に同期生の思い出が込められた記録がていねいにまとめられており、学生文化として隆盛であった大学ワンダーフォーゲルの活動の歴史を年度ごとに印象深く読み取ることができる。特に、時代を追っての女性部員の活躍ぶりの記録が印象的である。

同大学は二〇〇七年一〇月の大学統合によって大阪大学の外国語学部となり、四九期生からは大阪大学ワンダーフォーゲル部員となった。

大阪外国語大学ワンダーフォーゲル部として活動した最後の四八期生たちの記録も印象的である。

『ふみあと 創立五十周年記念誌』 名古屋大学

二〇〇九年発行（A4判一七二頁）

特集として組まれた「座談会　創成期の想い出」と「座談会　ワンゲル50年・世代間の対話」に、部の発足以後の歩みが簡潔に記されており、部の伝統が継承されている姿を読み取ることができる。

設立当初からワンゲルは、ザイルとピッケルは使わない活動で合意があった、ということも語られている。

「懐かしき友の顔」と題して、第一期から毎年度ごとに記された記録は、OBたちのよい記念であろう。

『雪笹　TGWV創部五十周年記念号』 東京学芸大学

二〇一一年発行（A5判二八二頁）

各入部年度ごとに会名をつけて同期部員たちの絆によって活動して来た事績は、他のワンダーフォーゲル部にはあまりみられないよき伝統であろう。一期は氷雪会、二四期は栞《しおり》の会、四五期は燈《ともしび》の会などである。すべての期の会名の由来が巻末資料として載せられている。毎年度の年間方針が一覧できる記録もユニークである。

一九七〇年以来の教育系五大学連盟とその合ワンの歴史が記録として整理されており、現在は愛知教育大学と二校のみの合ワンとして続けられている歴史が記されている。

＊　＊

以上にみたように、五〇周年記念誌は大きな時代の区切りとしての記録集の役割をはたしている。

また、わが国の戦後という時代や昭和後期という時代の登山文化史としても貴重な記録だと考えられる。

いずれのワンダーフォーゲル部の『周年記念誌』にも共通していえることは、創部以来の部員たちが各々の年度ごとに、活動の記録や感動や感想を記録に残してきた「部誌」が存在しているという重みである。

ほとんどの部において、年度ごとに部員全員が筆を執っていたという伝統の重みでもある。

今日では、仲間同士の誇りを示す記録としての「部誌」の発行が途絶えているワンダーフォーゲル部が多いようだ。歴史の記録が残されないことは、まことに残念なことである。

筆者が「部誌」や『周年記念誌』の調査にあたって思ったことは、次のことであった。

歴史が古い部の創設者が、超人的な活動家であり独りで躍動したワンダーフォーゲル部においては、創設者が唯一の語り部となり、このような活動家はほとんど筆をとらないうえに、周辺には協働者がいないため、創設の動機や経緯に関する事実がほとんど記録に残されていない。これも大変に残念なことであった。

4　未来へ向けて

ＯＢ会員の高齢化が進んでいる部が多い。

全国の大学でワンダーフォーゲル部が隆盛となり、部員数が急増したのは一九六〇年代（六〇～六九年）であった（九九頁の表10参照）。

この年代に卒部したＯＢたちは、現在ほぼ七七歳から六八歳の年齢層に達している。

ある私立大学のＯＢ会の場合、創部以来一九六九年までの卒部会員が、全体の約四五％を占める状況となっている。大量部員時代の影響が大きい。

一方で、新規にＯＢ会員となる卒業生が減少した。したがって世代数は少ないが人数が多いＯＢの割合は、しばらく同じ傾向として続くのではないだろうか。

このような状況に加えて、部活動の内容多様化が時代と共に進んできた。

活動多様化の風潮に流されて、ワンダーフォーゲル部としての明確な伝統を継承することができずに苦悩しているＯＢ会もある。

ワンダーフォーゲル部は、それぞれの大学における課外活動のなかで光芒を放つ部となることを目指してほしい。そのためには部の目標を定めて、世のリーダーを目指す学生の集団となってほしい。

今まで活躍してこられたＯＢ諸氏たちの共通の願いも、このようなことであるに違いない。

横浜国立大学ワンダーフォーゲル部『五〇年の歩み』

の巻頭言において、創部者（第一期生）でありOB会会長であった嘉納秀明が、同部の発展を祈念して次のように後輩に語りかけている。

五〇年の歴史を振り返りますと、揺籃時代からの急成長、部則、禁止事項、リーダー制の確立、各期ごとに意欲的なテーマを掲げての夏合宿、路線対立による分裂騒ぎ、悲しい遭難事故、他大学ワンゲルとの交流、山小屋建設と維持管理、部員数の減少による廃部の危機……、関西支部の発足、OB会の低迷化……、シニアOBの月例山行開始、新体制OB会運営の開始など、その一端は本五〇周年記念誌に掲載されておりますが、紆余曲折、波乱に満ちたものでありました。

しかし、その中に一筋、YWVに対する熱い思いと山を通じて結ばれた深い友情とが綿々と貫かれているのを見ることができます。これからも、現役部員、OB会員が集い、山小屋で語らい、山行を共にして、楽しいことに挑戦しつつ、我々のYWVを育ててゆくことを願ってやみません。

近年、活動の内容は「登山です」と記す大学が目立ち始めたことは、先に紹介したとおりである。自律的な学生が増えてきたのだと思われる望ましい現象であろう。

大学生が、課外活動として山登りをしたいと考えたときに、組織的に登山の技術を伝授して、安全登山を指導できるクラブはどの部だろうかと判断に迷うだろう。それが現在の実状だと思われる。

目標がない集団は、遠からず消えゆく運命にあるだろう。なぜならば、同じ行動を繰り返してこの体験を共有することがないために、組織としての伝統というものが生まれることなく、個人が個人のままにバラバラになってゆくからである。

活動種目が定まらないと、技術の伝承が困難になり、OB会が成り立たなくなる恐れもありそうだ。

また、やりたいことが何でもできるという便利な部として、兼部用の軽便な部になってしまっては論外である。

今日改めて、課外活動の本来の意義についても認識を深める必要があると考えられる。

多くの大学のホームページには課外活動の目的は、「集団生活を通じて健全な心と体の育成を図るとともに、協同体験を通じて自主性や社会性を涵養するなど、人格形成の場である」という趣旨が書かれている。

各部のホームページには、創設の時期（年）をぜひ謳《うた》って部の歴史を誇ってほしい。同じような活動を伝統的に続けていくことは大変に難しいことなのである。

部誌を発行し続けているワンダーフォーゲル部は非常に少ないと思われるので、以前のワンダーフォーゲル部や山岳部などのように年刊の部誌を発行する文化を育てて、部の伝統としてほしい。

書き残されたものがなければ、部の歴史が伝わりにくい。毎年その時代の部員が全員で書き残してきたかつての伝統があったからこそ、近年にたくさん発行された創部五〇周年記念誌などが生まれ、部のなかにさらなる伝統が積み重ねられたのである。

部室ノートという伝統なども尋ねてみてほしい。

ワンダーフォーゲル部という名称は、部名だけでは活動内容がわからない。他の部のような種目の名前ではないからである。

ワンダーフォーゲルという言葉は、発祥地のドイツにおいてはほとんど使用されていない。

英国やフランスなどにおいては、ナチズムを彷彿とさせるものはタブー視されており、他の諸国においても使用されていないものとみられる。

わが国だけが使用し続けていることは、国際感覚としては鈍感すぎるのではないだろうか。

以上に述べた積年の諸問題は、毎年入れ替わってゆく現役の部員諸氏だけでは解決し難いものも多い。

これらの大きな問題の解決は、OB会が担うべき役割だと考えられる。OB・OG諸氏が団結して今後の方向を決める時が到来しているのではないだろうか。

第八章 大学以外のワンダーフォーゲル部

1 高専などのワンダーフォーゲル部

高等専門学校、短期大学、高等学校においても数多くのワンダーフォーゲル部が活動を行っており、ＯＢ会も運営されているが、学校制度の相違によって活動形態が異なっている。

今回は大学ワンダーフォーゲル部以外の調査を行っていないので、本書ではごく簡単に紹介するにとどめたい。

高等専門学校

戦後の新教育制度によって一九六二（昭和三七）年に一期校として一九校の高等専門学校が開設された。現在は五七校になっている。

設置者別の内訳は国立五五校、公立三校、私立三校となっている。

ワンダーフォーゲル部が活動している高等専門学校は次のとおりである。

仙台工業、茨城工業、小山工業、東京都立産業技術、サレジオ工業、石川工業、鈴鹿工業、呉工業、宇部工業、阿南工業、佐世保工業、鹿児島工業、の各高等専門学校である。

いずれも創部以来約四〇年以上の伝統を誇っている。毎年行われる全国高等専門学校体育大会(高専大会)には、登山やワンダーフォーゲルに関する種目は設けられていない。

短期大学

戦後の新しい教育制度によって、一九五〇年に短期大学が全国各地に開設された。経済の発展とともに、女性の進学先としても短期大学は人気を集めた。

大学ワンダーフォーゲルの発展と同じ時期の六五年に、私立の短期大学の校数は一・六倍に急増した。

六九年当時にワンダーフォーゲル部が活動していた短期大学については、一五〇頁を参照されたい。

その後、多数の私立の学校法人が短期大学と併せて大学を増設していった。

これにつれて、大学へ進学した部員たちによって在来の短期大学ワンダーフォーゲル部と並んで、大学ワンダーフォーゲルが新たに生まれていった。

このような変遷から、部活動の歴史記録も改組された後の大学における活動に吸収されている。大学へ改組する際に、校名を変更したところも多い。

活動としては、大学クラブのなかの短期大学部として、大学のクラブと共に活動している例が多い。

高等学校

高等学校のワンダーフォーゲル部や山岳部は、全国高等学校総合体育大会（インターハイまたは高校総体）の競技種目の一つとして行われている「登山競技大会」に、地方予選を通じて参加する高等学校が多い。

これらはスポーツとしての競技種目の一つとなっており、一般には「競技ワンゲル」とも呼ばれている。

競技方法は、男女別に一チーム四名編成として監督が同行して行動する。四日間を通じた登山とテント生活を通じて、審査員がチームごとに採点し、順位を決める。審査項目と配点が定められており、体力、歩行技術、装備、設営撤収、炊事、気象、自然観察、記録、救急、知識、マナー、パーティーシップ、自然保護などを総合して採点するものである。審査項目と配点は、年度ごとに多少の変更が行われている。

参加にあたっては、事前に高体連と日本山岳協会に選手登録を行うこととされている。

この登山大会のほかに、各県の高校体育連盟によっては秋季大会などの登山競技が行われている。

このような競技種目としての登山の普及は、大学ワンダーフォーゲルや社会人のワンダーフォーゲルとは全く趣が異なった活動となっている。

最近の変化として、次のように部の名称を変更するものが散見されるようなっていることがあげられる。

城北高等学校 山岳ワンダーフォーゲル部

岩倉高等学校 山岳・ワンゲル部

2　社会人のワンダーフォーゲル団体

社会人の登山団体のなかで、会の名称に「ワンダーフォーゲル」を名乗る団体は、戦前には多数あったようだが、戦後にその多くが名称を変更して、山の会や山岳会などとなったので、現に活動している団体は非常に少なくなっている。

次に、長年にわたって活動を継続しているいくつかの社会人のワンダーフォーゲル団体を、設立年順に紹介しよう。

また、ごく最近の動きとして、日本山岳会の組織のなかでワンダーフォーゲル部が活動を開始しているので、併せて紹介したい。

杉並ワンダーフォーゲル倶楽部

一九五三（昭和二八）年設立

小川友次が学友数名とともに設立した。中央大学において体育単位修得のため兼松保一（中央大学ワンダーフォーゲル部の創始者）が指導するワンダーフォーゲルコースに参加して刺激を受け、参加した学友たちが創設したものであった。

戦後にワンダーフォーゲルを名乗って設立した社会人登山グループの第一号ではないだろうか。現・代表は鍵之一泰である。

小川は後年に設立時を振り返って、「祖国を愛し、自然を愛する、というワンダーフォーゲル思想に共鳴するところがあった」と語っている。

当初には、同じく中央大学の関係者で組織されていた「東京ワンダーフォーゲルクラブ」との合同ワンゲルなども行われていた。

現在の活動は、年間五〇回前後の登山、毎月二回の定例の集い、月刊会報「渡り鳥ニュース」と機関誌「渡り鳥」（周年刊）の発行などが続けられている。

大田区ワンダーフォーゲル協会

一九五七年設立

全日本学生ワンダーフォーゲル連盟の元顧問・福井正吉が会長となり、大田区内在住の全日本学生ワンダーフォーゲル連盟OBを発起人として区民の野外活動の推進に貢献することを目的として結成して、大田区体育協会に加盟した。

現在の会長は、会の結成時から理事長として活躍してきた加藤昌晴（日大ワンダーフォーゲル部OB、当会の設立発起人）であり、会員数一八〇名、年間六〇回以上のワンデリングを企画している。

太田区体育協会の加盟団体として活動を続けており、春と秋には区教育委員会と区体育協会からの委託を受けて、大田区民ハイキングを主管している。

島津製作所ワンダーフォーゲル部

一九六〇年設立

設立発起人・若林博八と蔭山 滋の呼びかけに応じて、各工場から参集した五一名で誕生した。次のような結成の呼びかけであった。

ふたたび訪れることのない青春を悔いの無いものにするために多くの友と手をつなぎ大自然の中に溶けこんで共に語り共に歌い共に歩き……身体を鍛え、その中から自然を愛する心と頑張り強さ作り、仲間の協力から醜い争いをなくし、明日への希望を大きく抱いて楽しい生きがいのある青春を送ろうではありませんか。それが明日への糧となるのです。

機関誌「ワンゲルペース」を発行していた。当初の活動は、夏山合宿を頂点に新入会員募集のPR例会、レコードコンサート、旅行、ダンスパーティーなどが行われていた。

現在の部員は約三五名で、山行を中心とした年間約四〇回にのぼる活躍が続いている。

静岡県ワンダーフォーゲル会

一九六〇年設立

静岡鉄道（株）の山岳部長だった山崎卯三郎が発起人となり、「静岡ワンダーフォーゲル」として発足した。

山崎は一九四一年以来、出口林次郎が指導していた奨健歩行会の会員として行事に参加していた。

現在は、静岡県内に一五の支部があり、会員は約三五〇名、会長は山崎のあと今村一郎、大石一博と続いている。

各支部ごとに月例的に行われる登山行事のほかに、静岡県レクリエーション協会の行事として登山安全研修会、五〇粁強歩大会、清掃登山などを実施、一九九七年に静岡県レクリエーション協会に加盟するにあたり会名を現在の名称に改めた。

会報「ＳＷＶニュース」を毎月発行し、例会で配布している。

共同通信ワンゲル

一九六二年設立

設立当時から年に七～八回ほどの山行を行い、これまでの五〇年間に継続されてきた例会は、スキーやサイクリングを含めて三八五回を超えている。

二〇一二年に『風紋Ⅱ 五〇年のあゆみ』を発行した。会費や規約もなく、明確な組織の形態をとらないユニークな部として、現在は約三〇人が活動している。

五〇周年記念誌には「安全登山に心掛けたことが継続の基本であり、衰退時期もあったが誰かが繋いできた」と書かれている。

最近の山行には定年を機に山登りを再開した人や、山の美しさを求めて加入した人などの新しい顔ぶれが多く参加しており、新たな発展期を迎えているようだ。

青森ワンダーフォーゲルクラブ

一九六六年設立

青森ロータリークラブが一九六一年から始めた社会奉仕活動は、高校生の「渡り鳥運動」（サイクリング）の世話役活動から始まり、キャンプや登山の訓練指導が加わっていった。当クラブは、この活動のなかから登山クラブとして独立して設立された。

現在も社会人の会員が月例の登山活動と、年一回の写真展を続けており、一〇年ごとに周年記念誌『自然と共に』を発行している。

日本ワンダーフォーゲル会

一九八七年設立

大学ワンダーフォーゲルの誕生期から発展期にかけて、関東地区の大学においてワンダーフォーゲル部の役員や連盟委員などとして活躍したＯＢ諸氏が参集して結成した。役員は、会長・寺村栄一、副会長・藤井務、吉田晴彦、鈴木善次郎、理事長・安田平八、常務理事・吉田 修ほかの顔ぶれであった。

一般の参加者を募って、吉田 修理事長を中心に毎月のワンデリングを続けており、通算回数は一二九〇回を超えている。八八年に関西支部が発足した。

日本山岳会ワンダーフォーゲル部

二〇一三年設立

日本山岳会の組織であるYOUTH CLUBに所属する部として、ワンダーフォーゲル部が設立された。

YOUTH CLUBは、次の三つの部によって構成されている。

青年部　（三九才以下の若手層の会員）
ワンダーフォーゲル部（五九才以下の若手・中堅の会員）
学生部　（大学の山岳部やワンダーフォーゲル部など）

ワンダーフォーゲル部は、各種の山行の他に月例講習会として、登山技術、医療、自然学などの講習を行っている。

右のほかに、活動しているワンダーフォーゲルの団体は次のとおりである（数字は設立年）。

荒川ワンダーフォーゲル（新潟県）　一九五九年
特許庁ワンダーフォーゲル部　一九六四年
岐阜県庁ワンダーフォーゲルサークル　一九六五年
高松市ワンダーフォーゲル協会　一九七六年
白樺ワンダーフォーゲルクラブ（島根）一九八七年
徳山医師会ワンダーフォーゲルクラブ　一九八九年

社会人ワンダーフォーゲルの『周年記念誌』

社会人ワンダーフォーゲル団体が発行した主な周年記念誌を紹介しよう（発行年順）。

青森市医師会ワンダーフォーゲル部『青森の山歩き・記録集』一九九一年
島津製作所ワンダーフォーゲル部『歩み40周年記念号』二〇〇〇年
三島ワンダーフォーゲル『三島ワンダーフォーゲルの歩み・発足35年記念』二〇〇〇年
青森ワンダーフォーゲルクラブ『自然と共に・40周年記念誌』二〇〇六年
岐阜県庁ワンダーフォーゲルサークル『惑いながらも40年』二〇〇七年
大田区ワンダーフォーゲル協会『五十年のあゆみ』二〇〇八年
静岡県ワンダーフォーゲル会『50年の歩み』二〇一〇
共同通信ワンゲル『青春の風紋Ⅱ・50年のあゆみ』二〇一二年
杉並ワンダーフォーゲル倶楽部『渡り鳥・創立六〇周年記念号』二〇一三年
甲府ワンドラー『にひばり 第四三号・創立八〇周年記念号』二〇一四年

episode 9

甲府ワンドラーの八〇年

甲府ワンドラーは、社会人のワンダーフォーゲル団体のなかで最も古い歴史を誇っていたが、二〇一四年一二月をもって八〇年にわたる活動の歴史に幕を降ろした。会員の高齢化などが理由であったようだ。

一九三四（昭和九）年に、当時の山梨日日新聞社社長であった野口二郎（一九〇〇〜一九七六）が、奨健会の薦めによって発起して設立したものであった。

郷土歌・「ワンダーリード」という会の歌を作り、会報「にひばり」を発行した。

会報には、最終の四三号にいたるまで終始にわたって、設立時に定めた「甲府ワンドラー 徒歩旅行要領」を掲げて、郷土色豊かな活動を継続した。月例として行われた会の山行は九八六回を数えていた。

九七年からは月例の山行と並行して、高齢者も楽しめる「楽々会」という郷土見学の行事がはじまり、一五〇回に上る活動が続いた。

甲府ワンドラー
80 周年誌

甲府ワンドラーの創設の経緯が、会報『にひばり』には次のように書かれている。

一九三四年年、創設者のひとりで初代理事長の野口二郎氏のもとに、ワンダーフォーゲルという野外徒歩運動の話を持って来たのは文部省の体育関係者であった。

設立発起人は、野口ほか四名の諸氏であり、会の信条は、野を歩め！山に行け！光を浴びよ！唄へ郷土歌！祖国を愛せ！われ等の日本！われ等の郷土！というものであった。

会長には、野口に次いで理事長に横田勉蔵が就き、続いて理事長に小田和友が九六（平成八）年から二〇一四年まで最後の任についていた。

「会報にみる六十年の軌跡」と題した横田の記録は、戦前に当会が発足した当時の設立動機や経緯をはじめとして、同会の活動の歴史が三四頁にわたって詳細に記録されており、歩行運動から始まったわが国のワンダーフォーゲルの歴史資料としてもまことに貴重な記録となっている（会報『にひばり』創立六〇周年記念号）。

ハイキングクラブとして設立された当時に、奨健会から支部組織となるよう薦めがあったが、当会は支部に加わらず独立を保って運営されていた。

前述の〝話を持ってきた文部省の体育関係者〟とは、奨健会からの使者であり甲府出身の奨健会理事・小池厚之助（後述）からの野口二郎に対する使者であったものと思われる。

小池厚之助と野口二郎は、東京帝国大のほぼ同年次の卒業者であった。

奨健会の基金を出資した小池国三

財団法人奨健会は、甲府市出身の小池国三の遺言によって、次男の小池厚之助（一八九九～一九八五）が設立基金を出資して設立されたものであった。

父・小池国三は、甲州財閥の一人に数えられた実業家であり、山一合資（後の山一証券）、小池銀行などを設立して活躍し、その後に東京電燈や東京瓦斯などの社長を務めた人である。

小池育英会や小池文庫（一橋大学図書館）を設けるなど、教育と社会事業に対して多額の寄付を行った。

後継者の小池厚之助は、山一証券社長、高千穂学園理事長をつとめながら、財団法人奨健会の設立以来の理事を務めていた。

郷土史研究家　野口二郎

甲府ワンドラーの初代会長であった野口二郎は、山梨日日新聞社社長、甲府市長、甲府商工会議者会頭などを務めた。郷土研究家でもあり、一九三六年に「甲州夏草道中」という「郷土をたずねて歩く会」を誕生させた。

野口が甲府ワンドラーを発起したのは、甲州夏草道中を発足させる構想のもとにその母体として設立したものだともいわれている。

夏草道中の運営は当初、甲府ワンドラーが主体となっていたが、後には郷土研究会が主体となったようだ。

第九章　まとめ

カッコ内は、関連事項の記載がある章と頁を示す。

1　大学ワンダーフォーゲルの創部状況

創部された時期をすべて明らかにしようと努力した。

全国における創部状況（巻末表2）に大学ワンダーフォーゲル部のすべての歴史を背負わせたいと考えたからである。筆者にとっては巻末表2が、この書のいのちでもある。

部室やOB会長宛に照会したが、残念ながら回答を得られない部があった。

2　ワンダーフォーゲル部は登山部だった

戦後に始まった大学生のワンダーフォーゲル部活動は、山岳部とは別個に登山活動を行うものであった。新制大学の体育必修化という機会を得て、戦前から始まっていた山岳部からの分化が一挙に進んだものとみることができる（三章三〇頁、巻末表2）。

戦前の大学では山岳部しか認められていなかったが、戦後には山岳部に入らなくても登山を楽しむことができるようになったのである。

生成、発展、多様化、分化などの流れは、登山に限らずよくみられるものである。

このような流れは、山岳部にもワンダーフォーゲル部にもみられる（巻末表1）。

学生登山は遠足や旅行から始まって、夏の山を中心に歩いていた。自然を崇め、自然に親しむというわが国特有の伝統的な登山から始まっている。

そこに、西洋からの登山様式が移入されて人気が高まり、雪、氷、岩の先鋭的な登山が流行した。山岳部はより高く、より困難に向かって挑戦するという集団に変化した。

アルピニズムという言葉を掲げた先鋭的な時代は、約一〇年ぐらいの間に終息したようだが、ほぼ同時に並行して登山の分化が始まっていたのである（三章二四〜三〇頁、六章一五三頁）。すなわち、山岳部の内部においても、あるいは社会人の登山者のなかにおいても、伝統的な自然に親しむ登山の愛好者が増加しはじめていたのである（三章二八頁）。

主流となったワンダーフォーゲル部においても、生成期から約三〇年を経た一九七〇年あたりからは多様化が進み、登山活動とそれ以外の活動とが分化の段階を迎えているとみてよいのではないだろうか（三章二九〜三二頁、六章一五三頁、七章一五八〜一六二頁）。

3　ドイツから移入したものではなかった

ドイツ語の名前だけを利用したものだった。

わが国で「ワンダーフォーゲル」という言葉が流行したのは、戦前に活動していた多数の歩行運動団体のうちの一つがドイツ語を真似して名乗ったものが人気を呼んだのである。奨健会ワンダーフォーゲル部であった（二章一〇〜一一頁）。

活動内容の移入や模倣ではなかった。団体の名前にドイツ語を借りただけの「借名」であった。当時わが国ではドイツ語に近親感を抱く人が多かったのである。また、この借名に際してドイツとの連携などは一切なかった（二章一三頁）。

この借名を行った当時のドイツでは、ワンダーフォーゲルと名乗っていた青年運動団体はすべて解散させられていた。従って借名は、青年運動や政治などの思想との関連も全くなかったのである。ドイツのワンダーフォーゲルは青年運動であり、日本ほかの諸外国には青年運動はなかったといわれている（二章一七頁）。

4　部名の意味が通じない

大学のワンダーフォーゲル部はこの名称を変更して

もよい時期が到来しているのではないだろうか。

ワンダーフォーゲルという言葉は、活動の種目や種類を表すものではないので部外者には通用しない言葉である。また、ドイツのワンダーフォーゲルの発祥伝説（二章一四頁）や、ドイツの古い時代に流行していた徒歩旅行グループの愛称の由来（二章一八頁）などを説明しても意味がないと考えられる。

社会人の登山団体でワンダーフォーゲルを名乗っていたところは、そのほとんどがすでに名称を変更している（二章一二頁）。

改名を行うことは、われわれ日本人の国際感覚を見直すことにも通じるのではないかと考えられる（二章一二～一三頁、七章一七六頁）。

5 「学生登山」の今昔

戦前にあった「学生登山」というものを基軸として、戦後のワンダーフォーゲル部の活動を眺めてみた。

併せて課外活動としてのワンダーフォーゲル部活動の意義についても考察した。

生徒の遠足と学生の登山は、教科体育の一部として始まり、やがて課外活動として位置づけられてきた（三章二一～二二頁）。

戦前は、「学生」といえば高等師範学校、高等学校、大学に通う高等教育機関の在籍者のことであった。高等教育を受ける学生はごく少数の者であり、登山はエリートたちの趣味であった（三章二四頁）。

当時の学生山岳部は、課外活動のなかで登山を行う唯一のクラブであったが、戦後には課外活動のなかにワンダーフォーゲル部が加わった。

戦後の教育大衆化によって、高等教育という概念も次第にあいまいになった。学生の数も大幅に増加して、高等教育の質が大きく変化し、教育の程度も高低の差が拡大した。

価値観の変化などによって、山岳部もワンダーフォーゲルも活動を多様化させる部が増加し、これらの部は共同体という意識や目標を失い（七章一六〇～一六二頁）、課外活動という教育的な価値もなくしているように見受けられる。

戦後においても残っていた、世のリーダーたらんとする誇りや切磋琢磨を旨とする仲間意識を含んだ「学生登山」という概念は時代と共に変質してしまった。

6　ワンダーフォーゲル部が主流となった

終戦直後に始まった大学生のワンダーフォーゲル部の活動は、山岳部と並んで登山活動を行うクラブとして発展した（四章四八頁）。

最初の約一〇年間に関東地方で創設が広まり、続く一〇年間に全国各地域の大学に普及した（巻末表2）。

戦後の学生登山は、山岳部が衰退してワンダーフォーゲル部が主流の時代となった（一章一頁、巻末表1）。

7　関東は登山・関西はサイクリングから始まった

時代によって創部の経緯がさまざまであった。

これらの経緯には、大きく分けて二つの類型があった（五章七五〜七七頁、五章八二頁）。

一つ目は、登山と旅の同好者が起こしたものである。関東地区の大学ワンダーフォーゲル部が結成した全日本連盟は登山を主体に活動していた（五章七六頁）。

二つ目は、サイクリングやキャンプの同好者が始めたもので、関西地区ほかの大学の場合である（四章五三〜五五頁）。これらの部も、設立後の活動は連盟の影響を受けて次第に登山が主体となっていった。

8　「大量部員時代」があった

若いOB諸氏と話をすると、部員数が多かった時代を誇らしく語る先輩が多いということをよく聞く。

これらの先輩は一九六〇〜七〇年あたりまでに隆盛の時代を過ごした、非常に多数の部員が集まった時代（五章九九〜一〇〇頁）のOBたちである。

「大量部員時代」は、戦後日本の教育制度の大規模な変更に伴って、単位を取得するためにワンダーフォーゲル部に多数の学生が集まったという特別な時代の現象だったのである。

9 登山界にあった中傷

ワンダーフォーゲル部がレクレーション登山を通じて拡大し発展する過程において、山岳部の関係者からいくつもの事実無根の誹謗中傷の言葉が流布された。例えば、ドイツから移入された第二山岳部、亜流山岳部、などなどと不愉快なものであった。

戦前には少数の富裕階層に属する学生山岳部やそのＯＢたちが集う日本山岳会の関係者たちから、大衆（主に勤労者）を低く見る特権意識のもとに発せられた用語があった。下町の山岳会などというものであった。

大衆化にともなう揶揄や差別はよくあることだが、戦後のワンダーフォーゲル部の生成発展は、戦前のような階層社会における大衆化とは異質のものだったのである。

戦前の差別を真似た悪弊は、未だに少数の高齢登山家やアルピニストを自称する特異な人たちの間で続いているようだ（五章七四頁）。

10 連盟はなぜ解散したのか

全日本連盟は一九四八年に結成された当時は関東地方の大学が主な構成員であり、加盟する目的は情報交換であり、活動内容は登山であった。

関西連盟が結成された頃から青少年キャンプが盛んな時代となり（巻末表1、五章七七頁）、加盟する目的は大規模キャンプへの参加と、他校の部員との交流に重点が移っていった（六章一四九〜一五〇頁）。

青少年運動との混同状態を忌避して連盟を離れる部が増加していった。部内活動を重点とする部員たちと連盟活動派とが各部内において対立的になり、連盟活動は継続が困難となったのである。

11　昭和の記念碑となった『五〇周年記念誌』

昭和の時代に興った大学ワンダーフォーゲル部の活動の足跡が、数多くの『五〇周年記念誌』に克明に映し出されている（七章一六四～一七四頁）。部誌の記録を集約したものである。往時のように毎年継続して部誌を発行するという伝統（六章一二四～一三二頁）を復活させなければ、次なる周年記念誌の発行はおぼつかなくなるのではないだろうか。

12　これからのＯＢ会の役割は

いずれのワンダーフォーゲル部ＯＢ会も、部の歴史が永くなっており、会員の層も厚くなってきている(七章一六三頁、七章一七四～一七六頁)。

大量部員時代があったので、年代による会員数も一律ではない。今後の部員総数にも異常な変化が現れるだろう。また、各時代ごとの価値観の相違もある。

一方で、最近は部員数が増勢をみせている部があるのは頼もしいことである（七章一五九頁）。

今後の重要な課題は、次の事柄に適格な対応をとることが必要ではないだろうか。

一つ目は、「4 部名の意味が通じない」にも前述した部の名称の問題（二章一二～一三頁、七章一七六頁）であり、熟慮検討を要する事柄である。現役学生諸君は年々顔ぶれが変わるので、取り組みが難しいのではないだろうか。

二つ目は、活動内容が多様化している部の場合の問題である（七章一六〇～一六二頁）。

部員が、目標を失うことのないように活動内容の集約や分化などの指導がなされることが必要ではないだろうか。

ワンダーフォーゲル部の、益々の発展を祈りながら筆をおく。

あとがき

本書発行のことが、小泉武栄氏が最近出版された『登山と日本人』（角川ソフィア文庫）のなかに紹介されている。小泉氏が書かれた第7章第3節「戦後の登山ブーム」の部分を、拙著が一部でも補てんできることになれば幸甚である。あわせてご覧いただきたい。

大学生のワンダーフォーゲル部の特徴は、実に多くの記録が残されていることである。すべての部において草創期から隆盛の時代にかけて部誌が年刊として発行されていた。これらを基にして周年記念誌が編集発行された。

私は貴重な記録が末永く残ることを願って『創立五〇周年周年誌』を国立国会図書館に納本されるように、いくつものワンダーフォーゲル部ＯＢ会にお勧めしてきた。すでに約二〇点が昭和の歴史を映す資料として収蔵されている。

大学のワンダーフォーゲル部のなかには時代が大きく変化した現在においても、伝統的な活動内容を通じて堅実に課外活動の成果を上げているところがたくさんある。

これからもＯＢ会共々に、しっかりとした目標を定め、さらに新たな活力を加えて活動を続けられることを切望する。ＯＢ・ＯＧ諸氏の益々のご活躍を祈念したい。

私の調査報告は、『讃山道楽通信』（菊川忠雄氏主宰の登山クラブ月報）に連載して始まった。

本書をまとめるにあたり、終始にわたってお世話をいただいた明治大学ワンダーフォーゲル部ＯＢの吉田 修氏をはじめとして、面談に応じていただいた諸先輩、貴重な資料を提供してくださった多くの大学ワンダーフォーゲル部ＯＢ・ＯＧの諸氏や関係者の方々に、深く感謝の意を捧げるものである。

本書の執筆にあたっては、古今書院の関 秀明さんに大変お世話になり深謝している。

二〇一五年六月

城島 紀夫

参考文献

【書籍】

出口林次郎 編纂『ワンダーフォーゲル常識』奨健会ワンダーフォーゲル部　一九三五
出口林次郎『教授と議員』東洋館出版社　一九五八
斎藤一男『日本のアルピニズム』朋文堂　一九六五
深田久弥『瀟洒なる自然』新潮社　一九六七
日本体育協会編『日本スポーツ百年』一九七〇
日本ユース・ホステル協会編『日本ユース・ホステル二〇年史』一九七一
文部省編『学制百年史』一九七二
大島亮吉『山 研究と随想』復刻版 岩波書店　一九七五
マーチン・トロウ　天野、喜多村訳『高学歴社会の大学』東京大学出版会　一九七六
安川茂雄『増補 近代日本登山史』四季書館　一九七六
瓜生宅造『日本山岳文学史』東京新聞出版局　一九七九
明治大学ワンダーフォーゲル部OB会編『春日井先生を偲んで』一九八一
高橋定昌『日本岳連史』出版科学総合研究所　一九八二
明治大学体育課編『体育会略史』一九八二
春日井 薫先生追想録刊行委員会編『千紫万紅』一九八三
ウォルター・ラカー　西村 稔訳『ドイツ青年運動』人文書院　一九八五
上山安敏『世紀末ドイツの若者』三省堂　一九八六
山崎安治『新稿 日本登山史』白水社　一九八六

山住正己『日本教育小史』岩波新書　一九八七
望月幸男・田村栄子『ハーケンクロイツに生きる若きエリートたち』有斐閣　一九九〇
坂倉登喜子、梅野淑子『日本女性登山史』大月書店　一九九二
田口二郎『東西登山史考』岩波書店　一九九五
苅谷剛彦『大衆教育社会のゆくえ』中公新書　一九九五
鈴木善次郎『波乱万丈』　一九九六
桑原武夫『登山の文化史』平凡社　一九九七
日本レクリエーション協会編『レクリエーション運動の五十年』　一九九八
小泉武栄『登山の誕生』中公新書　二〇〇一
木村吉次編『体育・スポーツ史概論』市村出版　二〇〇一
大久保喬樹『日本文化論の系譜』中公新書　二〇〇三
竹内　洋『教養主義の没落』中公新書　二〇〇三
阿部謹也『日本人の歴史意識』岩波新書　二〇〇四
齋藤一男『山の文化とともに』アテネ書房　二〇〇四
日本ハイキング倶楽部『創立七〇周年記念誌』　二〇〇四
山と溪谷社編『目で見る日本登史』　二〇〇五
日本山岳会編『日本山岳会百年史』日本山岳会　二〇〇七
柴田鉄治・外岡秀俊編『新聞記者　疋田桂一郎とその仕事』朝日新聞社　二〇〇七
天野郁夫『大学の誕生』中公新書　二〇〇九
渡辺　陸『日本における山と人間の関係史年表』非売品　二〇〇九
深田久弥『名もなき山へ』幻戯書房　二〇一四
菊地俊朗『ウエストンが来る前から、山はそこにあった』信濃毎日新聞社　二〇一四
小泉武栄『登山と日本人』角川ソフィア文庫　二〇一五

【論文・記事等】

東京基督教青年会「YMCA渡鳥会紀行」「東京青年」第三五八号　一九三一

師尾源蔵「日本的意義におけるワンダーフォーゲル運動」『日本ワンダーフォーゲル』一九三七年　奨健会

奨健会日本ワンダーフォーゲル部「地方並に大学ワンダーフォーゲル紹介」『日本ワンダーフォーゲル』第五巻一〇号　一九三七

出口林次郎「本会の発展概史」『歩行』第七巻第五号　一九三九

慶應義塾体育部「慶応大学正課体育の現況」『体育』二巻六号　一九五〇

東南九州ロータリーワンダーフォーゲル連合委員会「東南九州ロータリーワンダーフォーゲル記録」一九五六

大阪ユース・ホステル協会「ユース・ホステル教室」一九五八

吉田晴彦「ワンダーフォーゲルに関する文献について」『ふみあと』第一五号　一九六〇

福山秀臣「ワンダーフォーゲル小史」『ワンダーフォーゲル年鑑』創刊号　一九六〇

東京大学ワンダーフォーゲル部「ワンダーフォーゲル部紹介」一九六一

明治大学体育課「体育会略史」一九八二

杉並ワンダーフォーゲル倶楽部「渡り鳥 40周年記念号」一九九三

横田　勉「会報にひばりにみる六十年の軌跡」『にひばり第二五号』甲府ワンドラー　一九九四

阿部生雄ほか「東京高等師範学校附属中学における課外体育活動の歴史」一九九八

渡辺隆喜「大正デモクラシー期の学生生活」『大学史紀要 第七号』明治大学　二〇〇二

佐藤　隆「明治大学正課体育の歴史」『明治大学教養論集　第三三三号』二〇〇三

中澤篤史「大正後期から昭和初期における東京帝国大運動会の組織過程」『体育学研究五三号』二〇〇八

飯田年穂「近代アルピズムの誕生とその文化」『山岳文化』第一一号　日本産学文化学会　二〇一〇

【大学山岳部の周年記念誌】

第一高等学校旅行部縦の会『一高旅行部五十年』一九六八

北大山の会『北大山岳部五十周年記念誌』一九七九
東京大学山の会『山と友―東大山の会五十周年記念』一九八一
早稲田大学山岳部『リュックサック―80周年記念号』二〇〇〇
明治大学山岳部『明治大学山岳部80年誌』二〇〇二

【大学ワンダーフォーゲル部 五〇周年記念誌】

注1 一九八五年以降に発行された五〇周年以上の記念誌を、発行年順に採録した。
注2 ＊印は国立国会図書館に、△印は学校所在地の県立図書館に収蔵されているもの。
注3 WV部は、ワンダーフォーゲル部の略号である。

〔国立大学〕

＊東京大学WV部『TWVの50年』二〇〇一
△福井大学WV部『FUWV部50年のあゆみ』二〇〇五
＊北海道大学WV部OB会『道標 創部50周年記念誌』二〇〇五
＊横浜国立大学WV部・同OB会『YWV50年の歩み』二〇〇七
＊大阪大学WV部『ワンダーフォーゲル部50年史』二〇〇九
＊大阪外国語大学WV部OB会『Viator 創部50周年記念特別号』二〇〇九
名古屋大学体育会WV部『NUWV50周年記念誌 ふみあと』二〇〇九
山形大学WV部OB会『我らワンダラーの50年記』二〇〇九
△神戸大学WV部『創部50周年 記念誌』二〇一〇
＊東京学芸大学WV部OB会『雪笹 TGWV創部50周年記念号』二〇一一
△山口大学WV部OB会『あるきの記 創部50周年特別号』二〇一二

〔公立大学〕

＊横浜市立大学WV部『峠 YUWV50周年記念号』二〇〇三

＊大阪市立大学ＷＶ部『径 50周年記念誌』二〇〇八
京都府立大学ＷＶ部『漂 創部50周年記念特別号』二〇〇八

［私立大学］

慶應義塾大学ＷＶ部『ふみあとＫＷＶ50周年記念特集号』一九八六
立教大学ＷＶ部『部史 創立50周年記念』一九八七
＊青山学院ハイキング部『六十年史』一九八八
＊明治大学ＷＶ部『六十年のあゆみ』一九九七
法政大学ＷＶ部『創部50年記念誌』一九九九
＊早稲田大学ＷＶ部『彷徨 50周年記念特別号』一九九九
日本大学ＷＶ部『創部50年記念誌』二〇〇三
＊國學院大学ＷＶ部『野づら 創部50周年記念誌』二〇〇四
明治学院大学ＷＶ部『ＭＧＷＶ 50th Anniversary』二〇〇四
学習院大学ＷＶ部『紫峰 創立50周年記念』二〇〇六（稜桜会）
関西大学ＷＶ部『千里 創部50周年記念号』二〇〇六
△関西学院大学ＷＶ部『記録 五十年の踏み跡』二〇〇六
東海大学ＷＶ部『ＷＶ部50周年記念誌』二〇〇七
上智大学ＷＶ部『はばたき 創部50周年記念号』二〇〇八
成蹊大学ＷＶ部『石楠花 創部五十周年記念誌』二〇〇八
中央大学ＷＶ部『遍歴Ⅱ 60年誌』二〇〇九
＊早稲田大学ＷＶ部『創立60周年記念誌』二〇〇九
＊日本大学 医学部ＷＶ部『旅の仲間たち 創立50周年記念誌』二〇〇九
西南学院大学ＷＶ部『路 50周年記念号』二〇一一
千葉工業大学ＷＶ部『いしがき 創部五十周年記念誌』二〇一一
東京経済大学ＷＶ部『60周年記念誌』二〇一五

【五〇年未満の主な周年記念誌】
兵庫農科大学WV部『部史「史」』 一九六八
慶應義塾大学WV部『ふみあと 25周年記念』 一九六〇
＊明治大学WV部『三十年のあゆみ』 一九六六
岩手大学WV部『あゆみ』 一九八五
＊日本大学医学部WV部『大地の仲間達』 一九九〇
＊中央大学WV部『遍歴 40年の歩み』 一九九一
△金沢大学WV部『Bergheim 創立35周年記念誌（上巻・下巻）』 一九九三
愛知教育大学WV部『30周年記念誌』 一九九三
お茶の水女子大学WV部『ALPENROSE 創部40周年記念号』 一九九四
＊女子美術大学WV部『草鞋 第29号』 二〇〇五
日本工業大学WV部『40年のあゆみ』 二〇〇八

【大学ワンダーフォーゲル部の部誌と連盟誌】
大阪大学サイクリングクラブ『Blauer Himmel』創刊号 一九五七
お茶の水女子大学WV部『ALPENROSE』第二六号 一九八四
金沢大学WV部『Bergheim』創刊号 一九五九
京都大学WV部『水行末雲行末風来末』創刊号 一九五八
京都大学WV部『水行末雲行末風来末』第一〇号 一九七一
東京工業大学WV部『つばくら』一〇号 一九六七
東北大学WV部『ワンダーフォーゲル』創刊号 一九五九
東北大学WV部『報告』第三号 一九五九
明治大学WV部『Wander Vogel』第二号 一九三九
山梨大学WV部『甲斐嶺』創刊号 一九六一
全日本学生WV連盟『ワンダーフォーゲル年鑑』創刊号 一九六〇
学生WV会議『ワンデルン』再刊一号 一九六九

全日本学生ＷＶ連盟新聞「ワンダーフォーゲル」第二六号　一九六三

［城島紀夫の著作］
「甲府ワンドラーと小池国三」『にひばり』第三六号甲府ワンドラー　二〇〇六
「日本ワンダーフォーゲルの始まり」『讃山道楽通信』第二一九〜二三二号　日本の名山を選ぶ会
「ワンダーフォーゲル取材余話」『讃山道楽通信』第二三三〜二四四号　日本の名山を選ぶ会
「日本ワンダーフォーゲル概史（前編）」『山岳文化』第八号　日本山岳文化学会　二〇〇八
「日本ワンダーフォーゲル概史（後編）」『山岳文化』第九号　日本山岳文化学会　二〇〇八
「日本ワンダーフォーゲルの起源と歴史」『論集』第七号　日本山岳文化学会　二〇〇九
「ワンダーフォーゲルの誕生」『にひばり』第三九号　甲府ワンドラー　二〇〇九
「明大ワンダーフォーゲル部の発祥を尋ねて」『明治』第四二号　明治大学広報課　二〇〇九
「天山」『郷土の山』山岳文化叢書 第五輯　日本山岳文化学会　二〇〇九
「笹ヶ峰のスキーアルピニズムと山案内人岡田長助」『山岳文化』第一一号　日本山岳文化学会　二〇一〇
「岡田長助」『顕彰碑にみる人物登山史』　山岳文化叢書 第七輯　日本山岳文化学会　二〇一一
「変容した戦後の大学登山クラブ―山岳部からワンダーフォーゲル部へ―」『論集』第一一号　日本山岳文化学会　二〇一三
「ワンダーフォーゲルの誕生と戦後の登山文化」『山岳文化』第一四号　日本山岳文化学会　二〇一三
「大学ワンダーフォーゲル部五〇周年誌紹介」『岳書のたより』第一一号　日本山岳文化学会 文献分科会　二〇一四
「多様化がすすむ大学登山クラブの現状」「山」八二九号　日本山岳会　二〇一四

ハ行

マ行

ヤ行

ワ行

人名索引

マ行

ヤ行

ラ行

ワ行

タ行

ナ行

ハ行

大学名・団体名索引

団体名は末尾に＊を記した.
巻末表1(205頁～)・表2(201頁～)にも多数の大学を掲載しているので参照いただきたい.

北海道・東北	中国・四国	九州・沖縄
北海道		
岩手，東北学院		
東北，福島　**東北連盟結成**	広島	
北海道（水産），山形，東北薬科		西南学院
室蘭工業	愛媛，高知，島根，山口	九州，琉球，九州産業
札幌医科	香川　**中・四国連絡会結成**	
	岡山，広島工業，	宮崎，北九州市立，熊本商科（現 熊本学園），第一薬科
弘前，酪農学園　**北海道連盟結成**	徳島，山口県立	大分，熊本，福岡　**九州連盟結成**
		九州工業，佐賀，九州東海
東北工業		
秋田（1969）	鳥取（1970）	

注 1：(2) は，2 部を示す．
注 2：校名頭部の☆は戦前に部の前身があったもので，(　) 内はその創部年を示す．

巻末表 2　創部の状況一覧表

西暦	昭和	関　東	中　部・近　畿
1946	21	☆明治（1936），☆慶應義塾（1935）	
1948	23	☆立教（1935），中央　**全日本連盟結成**	
1949	24	早稲田	
1951	26	東京，法政	
1953	28	日本（二）	
1954	29	お茶の水女子，東京都立（現 首都大学東京），横浜市立，神奈川，國學院，千葉	
1955	30	青山学院（2），学習院，成城，津田塾，東京経済，中央（2），東京女子，明治学院	関西学院，同志社（2）
1956	31	埼玉，芝浦工業，女子美術，成蹊，東京農業，東京薬科，東京理科，星薬科，武蔵工業（現 東京都市）	京都，福井，立命館，龍谷
1957	32	宇都宮，東京工業，横浜国立，芝浦工業（2），上智，東海	奈良女子，京都府立西京（現 京都府立），兵庫農科（現 神戸），関西，甲南，天理，同志社　**関西連盟結成**
1958	33	関東学院，工学院，東京歯科	大阪，金沢，京都工芸繊維，神戸，富山，名古屋，新潟，大阪女子（現 大阪府立），大阪市立，大阪府立，姫路工業（現 兵庫県立），大阪樟蔭女子
1959	34	専修，玉川，日本（医），武蔵	大阪外国語（現 大阪），大阪学芸（現 大阪教育），京都学芸（現 京都教育），神戸商科（現 兵庫県立），大阪経済，大阪工業，大阪歯科，南山　**北陸連盟結成**
1960	35	東京学芸，東京教育（筑波大学の前身），一橋，駒澤，日本女子，武蔵野美術	愛知学院　**北陸連絡会結成**
1961	36	東京農工，高崎経済，千葉工業，千葉商科	岐阜，三重，山梨，神戸女学院
1962	37	東京医科歯科，東京電機，東洋，日本（歯）	滋賀，信州，名古屋工業，愛知，愛知県立女子，愛知工業，大阪電気通信，岐阜薬科，名城，山梨学院　**東海連絡会結成**
1963	38	電気通信，亜細亜，女子栄養，大東文化	愛知学芸（現 愛知教育），京都市立芸術，近畿，都留文科，名古屋市立，日本福祉，桃山学院
1964	39	東洋（2），獨協，立正（2），国際基督教	
1965	40	日本獣医畜産，流通経済，和光，中央（理工）	名古屋学院，名古屋女子
1966	41		追手門学院，名古屋商科　**全日本連盟解散**
1967～1970	42～45	文教（1967），日本工業（1968），日本社会事業（1969）	奈良教育（1968），仏教（1968），京都産業（1969）

筆者の調査（部誌，部報，部周年誌，連盟誌，奨健会会誌など）により作成.

	学生登山と学校制度	一般社会人登山
	山岳部 隆盛期	
	積雪期登攀 全盛へ 30 大島亮吉『山への断想』出版 35 立教大学，慶應義塾ワンダーフォーゲル部設立 36 明治大学でワンダーフォーゲル部設立 39 軍事教練が大学でも必修化	各地で山小屋の建設が相次ぐ 登山団体結成多数，ハイキングが流行 スキー流行，スキー場開設続く 33 奨健会ワンダーフォーゲル部設立 34 鉄道省がハイキング宣伝開始
	歩行運動・行軍山岳部の時代	
	43 全国大学で行軍山岳部結成	41 団体旅行と全国的競技大会中止訓令
	ワンダーフォーゲル部 誕生期	
	大学でワンダーフォーゲル部設立始まる 48 新制大学発足，体育必修化 49 大学数が 178 校に急増	登山団体結成急増（山岳同志会ほか） 46 雑誌「山と溪谷」復刊 47 雑誌「岳人」創刊
	ワンダーフォーゲル部 発展期	
	大学 82 校でワンダーフォーゲル部設立 51 東京大学ワンダーフォーゲル部設立 54 お茶の水女子大学ワンダーフォーゲル部設立 54 明治大学ワンダーフォーゲル部が山小屋建設	企業内登山団体の増加が続く 50「新ハイキング」創刊 56 日本山岳会隊がマナスル登頂 58 群馬県警谷川岳警備隊発足 59 スキー人気化 59 富山県警，警視庁山岳救助隊発
	ワンダーフォーゲル部 隆盛期	
	大学 92 校でワンダーフォーゲル部設立 65 団塊の世代が大学生に（～ 67 年） 68 体育会離れ始まる 69 私立大学増加，大学進学率 15.4% に	60 日本勤労者山岳会設立(後に連盟となる) 64 深田久弥『日本百名山』出版 64 海外旅行自由化 66 木曽駒ヶ岳ロープウェイ開通 69 若者の登山離れ進む
	同好会 多数に	
	野外活動の同好会が多数誕生 ワンダーフォーゲル部，山岳部の活動多様化がすすむ	70 新穂高岳ロープウェイ開通 70 岐阜県警山岳警備隊発足 71 つがみ新道開通
	活動多様化の時代へ	
	アウトドアサークルが多発	81 田中澄江『花の百名山』出版

巻末表 1（つづき） 学生登山と その背景 要約年表

西暦	年号	体育・スポーツ・社会	
1930～	昭 5～		
		スポーツ競技 5 種目の連盟が発足 37 国民歩行運動始まる 38 厚生省を新設，国家総動員法発令 日本厚生協会（レク協会の前進）設立 39 第 2 次世界大戦始まる	
1940～	昭 15～		
		41 太平洋戦争始まる（～ 45 年）	
		45 終戦 47 日本レクリエーション協会設立 48 教育委員会発足（体育とレクレーション）	
1950～	昭 25～		
		国が社会教育助成を開始 51 日本ユース・ホステル協会発足 56 文部省通達「青少年野外活動の奨励について」 56 青少年教育キャンプとサイクリングが流行 59 レク協と YH 協の支部が急増	
1960～	昭 35～		
		個人主義の風潮拡大 61 スポーツ振興法制定 61 国民休暇村が発足 64 東京オリンピック開催	
1970～	昭 45～		
		73 経済高度成長終る（GNP 戦後初のマイナス）	
1980～	昭 55～		
1988	63	87 地価高騰・バブル始まる 88 昭和時代の終焉	

著者作成.

	学生登山と学校制度	一般社会人登山
	高等師範学校開校	72 新橋～横浜間鉄道開通 各地の鉄道敷設が進む
	遠足部 始まる	
	学校遠足が広まる 85 富山師範学校が学校登山 86 東京大学で校友会・運動会創設 東京師範学校で長徒遠足 87 第 1 高等中学校で遠足部発足	80 上条嘉門次小屋開設 89 新橋～神戸間鉄道開通
	遠足部 全国に普及	
	92 中学校数 61，高校 7，大学 1 校となる 92 慶應義塾体育会設置，徒歩部発足 97 全国高等中学校に校友会設置拡がる 98 四高遠足部設立（後の山岳部） 98 京都帝国大学運動会創設	94 志賀重昂『日本風景論』出版
	遠足部から旅行部へ	
	中学校を増設 遠足部，旅行部の設立増加 06 京都帝大旅行部（後の山岳部）設立 08 日本山岳会発足	登山団体結成（7 団体） 02 八甲田山雪中行軍遭難 06 白馬山荘開設
	旅行部から山岳部へ	
	中学校の増設続く 旅行部，山岳部の設立増加 14 慶應義塾山岳部創立 17 関温泉スキー場開設 19 高等教育を拡充・増設（大学令，高等学校令を改正	登山団体結成が流行（関西徒歩会ほか） 大町と白馬に登山案内組合発足 12 Ｊ．Ｔ．Ｂ設立，旅行熱高まる 15 富士山 5 合目佐藤小屋開業
	山岳部 発展期	
	雪と岩の時代始まる 山岳部設立が増加 20 私立大学認可が始まる（慶應と早稲田） 23 東京帝大スキー山岳部設立 28 明治大学・駿台あるこう会発足	北アルプスに山小屋 12 軒が開業 登山団体結成続く 雑誌「山と溪谷」ほか創刊 21 槇有恒，アイガー東壁登攀 22 上高地登山案内人組合発足 24 RCC 結成

巻末表1　学生登山と その背景 要約年表

西暦	年号	体育・スポーツ・社会	
1870～	（明3～）		
		71 文部省創設 78 体育伝習所を設立	
1880～	（明13～）		
		82 兵式体操（歩行訓練）始まる 83 第一高等学校で初の陸上運動会 84 体育伝習所が体操術講習会（野球，蹴球，漕艇，ローンテニスなど）	
1890～	（明23～）		
		90 国会開設 90 ドイツでワンダーフォーゲル始まる 92 文部大臣「修学旅行奨励」訓令 94 日清戦争始まる（～95年） 98 対校競技が過熱気味となる	
1900～	（明33～）		
		02 東京女子体操学校設立 04 日露戦争始まる（～06年） 07 文部省と陸軍が学校体育に関する協議開始	
1910～	明43～		
		11 柔道と剣道が中学校の正課に 12 第5回オリンピックに日本初参加 14 第1次世界大戦始まる（～18年）	
1920～	大9～		
		スポーツ競技15種目の連盟が発足 屋外体育の勃興期 23 文部省が全国体育デー新設 24 国民体育大会開始 28 NHK ラジオ体操開始	

00. 1. 23　M. Ohtsu

上州・小野子山から武尊山を望む
左端は朝日岳・右端は日光白根山
武尊山の右手背後に至仏山と燧ヶ岳がのぞく

著者紹介

城島 紀夫　（じょうじま のりお）

1935年，佐賀県出身．小城高等学校・明治大学卒業．
理研計器㈱，東京電波機器㈱各役員を経て，経営コンサルタント．
2005年より，わが国の大学ワンダーフォーゲル部の歴史を調査研究．
日本山岳会会員，日本山岳文化学会会員（登山史分科会，文献分科会）．

イラスト：大津雅光 画

書　名　**ワンダーフォーゲル活動のあゆみ**
── 学生登山の主役たち ──

コード　ISBN978-4-7722-9011-1
発行日　2015（平成27）年8月8日　初版第1刷発行
著　者　**城島 紀夫**

発行者　株式会社 古今書院　橋本寿資
印刷所　三美印刷 株式会社
製本所　三美印刷 株式会社
発行所　古今書院
〒101-0062　東京都千代田区神田駿河台2-10
電　話　03-3291-2757
ＦＡＸ　03-3233-0303
振　替　00100-8-35340
ﾎｰﾑﾍﾟｰｼﾞ　http://www.kokon.co.jp/　検印省略・Printed in Japan